Schenkung von Immobilien

Grundbesitz steueroptimiert übertragen und den Schenker absichern

Ludger Bornewasser
Manfred Hacker

3. Auflage

So nutzen Sie dieses Buch

Die folgenden Elemente erleichtern Ihnen die Orientierung im Buch:

Beispiele:

In diesem Buch finden Sie zahlreiche Beispiele, die die geschilderten Sachverhalte veranschaulichen.

Die Merkkästen enthalten die zentralen Informationen.

Auf den Punkt gebracht

Hier finden Sie prägnante Zusammenfassungen.

Inhalt

Vorwort

Viele Menschen stehen vor der Frage, ob sie bereits zu Lebzeiten Grundbesitz auf Kinder, Enkelkinder oder sonstige Angehörige übertragen sollen. Die Chancen und Risiken einer lebzeitigen Zuwendung von Grundbesitz müssen genau gegeneinander abgewogen werden. Dies setzt voraus, dass Schenker und Beschenkter die steuerlichen Grundlagen, insbesondere die Bewertung von Immobilien und die vertraglichen Gestaltungsalternativen zumindest in den Grundzügen kennen und auch verstehen.

Die ältere Generation muss sich einen Überblick darüber verschaffen, wie sie nach einer Zuwendung bei Krankheit, Pflegebedürftigkeit und im Alter abgesichert werden kann.

In vielen Fällen ermöglicht nur eine sorgfältig geplante und lange im Voraus angelegte Vermögensübertragung auf die kommende Generation den Erhalt des Immobilienvermögens.

Dieser Ratgeber zeigt Ihnen, welche zivil- und steuerrechtlichen Aspekte Sie in Ihre Nachfolgeplanung einbeziehen sollten.

Ihre Anregungen und Hinweise zu diesem Ratgeber sind uns jederzeit willkommen. Unsere Anschrift finden Sie auf folgender Website: www.advocatio.de.

Ziele einer vorweggenommenen Erbfolge

Unter „vorweggenommener" Erbfolge versteht man alle Vermögensübertragungen unter Lebenden, insbesondere Schenkungen, die in der Erwartung vorgenommen werden, dass der Erwerber im Erbfall das Vermögen ohnehin erhalten wird. Die Beteiligten verfolgen oft ganz unterschiedliche Ziele bei einer vorweggenommenen Erbfolge:

Reduzierung der Steuerlast

Steuerliche Überlegungen sind nach wie vor das tragende Motiv für eine vorweggenommene Erbfolge, auch wenn „Steuerspareffekte" aufgrund der gesetzlichen Änderungen der letzten Jahre nicht mehr so signifikant sind. Die erzielbaren Steuervorteile hängen vorrangig von der Größe des Vermögens ab. Voraussetzung für eine Steueroptimierung ist aber immer, dass die Vermögensübergabe rechtzeitig vor dem späteren Erbfall erfolgt.

> *Beispiel zur Reduzierung der Steuerlast*
>
> *(Die Zahlen sind bewusst hoch angesetzt, um den steuerlichen Effekt deutlich darstellen zu können. Eine Steueroptimierung ist aber auch bei kleineren Vermögen möglich.)*
>
> *Ein Unternehmer hat im Jahr 2012 ein Privatvermögen von 8 Millionen EURO. Er entschließt sich zu Lebzeiten, Vermögen an seine Nachkommen zu übertragen. In den Jahren 2012 und 2022 erhalten seine Ehefrau, seine fünf*

Kinder und seine fünf Enkel jeweils Schenkungen in der Höhe ihres Freibetrags. Diese – steuerfreien – Schenkungen summieren sich beträchtlich, da der Freibetrag alle zehn Jahre neu in Anspruch genommen werden kann:

Bei der Ehefrau:	2 mal 500.000 EUR	= 1.000.000 EUR
bei den 5 Kindern:	2 mal 400.000 EUR × 5	= 4.000.000 EUR
bei den 5 Enkeln:	2 mal 200.000 EUR × 5	= 2.000.000 EUR

Die Summe dieser Zuwendungen an die Familie beläuft sich also auf 7.000.000 EUR. Auf diesen gewaltigen Betrag wird keine Schenkungsteuer fällig.

Ohne die lebzeitigen Schenkungen würde sich die Vermögenssituation der Familie wesentlich ungünstiger entwickeln:

Die Ehefrau würde beim Tod des Ehemannes im Jahre 2033 nach gesetzlicher Erbfolge 4 Mio. EUR erben. Davon würden der Ehegattenfreibetrag (500.000 EUR) und ein eventueller Versorgungsfreibetrag (256.000 EUR) abgezogen. Die Witwe müsste dann Steuern auf einen Betrag von 3.244.000 EUR bezahlen. Bei einem Steuersatz von 19 % sind dies 616.360 EUR.

Jedes der fünf Kinder müsste von seinem Erbteil von jeweils 800.000 EUR nach Abzug des Freibetrages von 400.000 EUR die danach verbleibenden 400.000 EUR mit einem Steuersatz von 15 % versteuern. Die Erbschaftsteuer beträgt pro Kind also 60.000 EUR. Insgesamt müs-

sen die fünf Kinder damit 300.000 EUR an das Finanzamt abführen.

Das Familienvermögen würde bei dieser Variante durch Steuerzahlungen der Witwe und der Kinder um insgesamt 916.360 EUR geschmälert werden. Hinzu kommt, dass bei einem Übergang des Vermögens von den Kindern auf die Enkel weitere Steuern anfallen werden.

Erhaltung des Familienvermögens

Wirtschaftliche Einheiten, wie zum Beispiel Grundbesitz, ein Unternehmen oder Kunstsammlungen, werden bei Streit unter Miterben nicht selten zerschlagen. Eine gut strukturierte lebzeitige Übertragung auf die nächste Generation kann nicht nur eine Zersplitterung von Vermögenswerten verhindern, sondern auch einem Streit unter den Angehörigen über die Verteilung des Nachlasses vorbeugen. Eine rechtzeitige Übertragung motiviert zudem einen Nachfolger den Besitz zu erhalten und zu mehren.

Pflichtteilsminderung

Gerade Grundbesitz ist dadurch gekennzeichnet, dass er zwar einen erheblichen Verkehrswert hat, im Erbfall aus ihm aber nur sehr schwer liquide Mittel zur Begleichung einer etwaigen Pflichtteilslast beschafft werden können. Ziel einer vorweggenommenen Erbfolge sollte es deshalb auch sein, vertragliche Regelungen zum Ausschluss oder zur Reduzierung der Pflichtteilshaftung zu treffen (siehe dazu Seite 45).

Was geschieht mit der Immobilie im Erbfall?

Wer mit dem Gedanken spielt, Immobilien zu Lebzeiten auf den Ehepartner oder auf die nächste Generation zu übertragen, sollte sich zunächst vor Augen führen, was geschieht, wenn die beabsichtigte „vorweggenommene" Erbfolge zu Lebzeiten nie umgesetzt wird und deshalb der Grundbesitz aufgrund gesetzlicher oder testamentarischer Erbfolge auf die Angehörigen übergeht.

Immobilienübergang kraft gesetzlicher Erbfolge

Viele Menschen nehmen ihr Recht, die Vermögensnachfolge nach dem eigenen Tod durch letztwillige Verfügung zu regeln, nicht in Anspruch. Für diesen Fall hat der Gesetzgeber Regelungen geschaffen, welche die „gesetzliche Erbfolge" bilden. Das Gesetz unterscheidet dabei zwischen dem Erbrecht der Verwandten und dem Erbrecht des Ehegatten.

Personen, mit denen der Erblasser unter Umständen Jahrzehnte in eheähnlicher Gemeinschaft zusammengelebt hat, werden dagegen bei der gesetzlichen Erbfolge ebenso wenig berücksichtigt wie etwa Pflegekinder.

In folgenden Fällen richtet sich die Erbfolge nach dem Gesetz:

- Es gibt weder ein Testament noch einen Erbvertrag.
- Das Testament bzw. der Erbvertrag ist unwirksam oder erfolgreich angefochten.

- Die testamentarische Erbeinsetzung ist ausgeschlagen worden.
- Die Verfügung von Todes wegen regelt nicht, wer Erbe oder Ersatzerbe ist.

Gesetzliches Erbrecht der Verwandten

Wer keinen Ehepartner (mehr) hat und keinen letzten Willen zu Papier bringt, vererbt ohne eigenes Zutun das Vermögen an seine Verwandten. Das Gesetz teilt die Verwandten des Erblassers in verschiedene Ordnungen ein.

Übersicht „Gesetzliches Erbrecht der Verwandten"		
Erben 1. Ordnung:	Abkömmlinge des Erblassers, d. h. die Kinder, Enkel, Urenkel, Ur-Urenkel	§ 1924 BGB
Erben 2. Ordnung:	Eltern und deren Abkömmlinge, d. h. die Geschwister, Neffen und Nichten, Großneffen und Großnichten des Erblassers	§ 1925 BGB
Erben 3. Ordnung:	Großeltern und deren Abkömmlinge, d. h. Onkel und Tanten, Cousins und Cousinen des Erblassers	§ 1926 BGB
Erben 4. Ordnung:	Urgroßeltern und deren Abkömmlinge	§ 1928 BGB
Erben 5. Ordnung:	Ur-Urgroßeltern und deren Abkömmlinge	§ 1929 BGB

Erben 1. Ordnung

Das sind die „Abkömmlinge" des Erblassers, also Kinder, Enkel und Urenkel des Verstorbenen ebenso wie die nichtehelichen und adoptierten Kinder (§ 1924 Abs. 1 BGB).

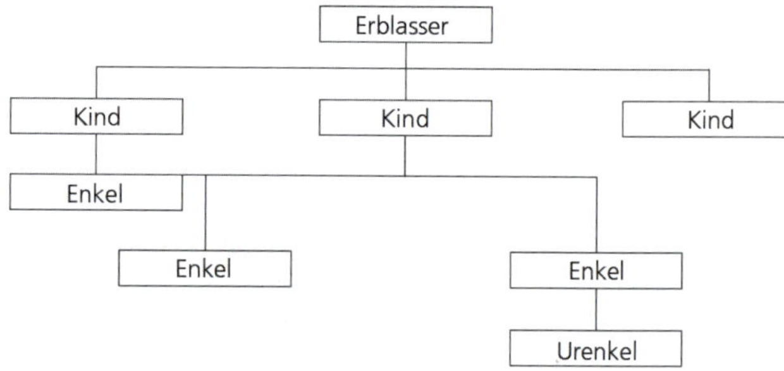

Abb. 1: Erben 1. Ordnung

Eine mit dem Erblasser verwandte Person schließt alle durch sie mit Erblasser verwandten Personen von der Erbfolge aus (sogenanntes Repräsentationsprinzip).

Beispiel zum Repräsentationsprinzip

Die Erblasserin, Frau Müller, hinterlässt einen Sohn und eine Tochter, die wiederum jeweils zwei eigene Kinder haben. Nach dem Tod von Frau Müller erben Sohn und Tochter zu gleichen Teilen (§ 1924 Abs. 4 BGB).

Alternative:

Wäre die Tochter vor ihrer Mutter verstorben, so würden deren zwei Kinder, also die Enkelkinder der Erblasserin, *an die Stelle der Tochter treten (§ 1924 Abs. 3 BGB). Die Kinder des Sohnes sind nicht als Erben von Frau Müller berufen, da der Sohn als „Stammoberhaupt" seine eigenen Kinder von der Erbfolge ausschließt (§ 1924 Abs. 2 BGB). Es entsteht damit eine Erbengemeinschaft, bestehend aus dem Sohn von Frau Müller mit einer Erbquote von $^{1}/_{2}$ und den beiden Enkelkindern mit einer Erbquote von je $^{1}/_{4}$.*

Erben 2. Ordnung

Sind beim Tod des Erblassers keine Erben erster Ordnung vorhanden, so kommen die Erben zweiter Ordnung zum Zuge. Das sind die Eltern des Erblassers und deren „Abkömmlinge", also Geschwister, Neffen und Nichten (§ 1925 Abs. 1 BGB).

Erben 2. Ordnung

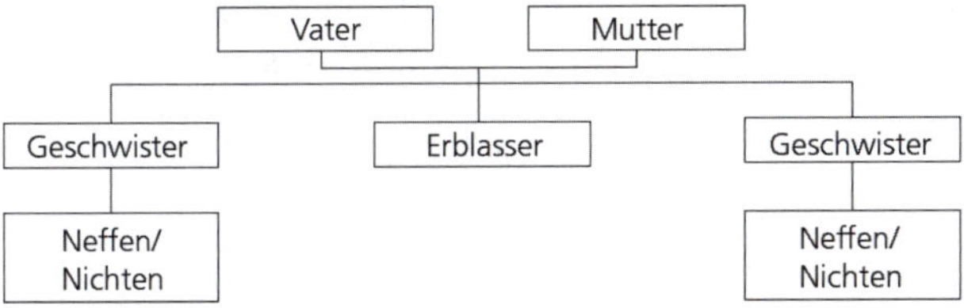

Vater
Mutter
Geschwister
Erblasser
Geschwister
Neffen/ Nichten
Neffen/ Nichten

Abb. 2: Erben 2. Ordnung

Beispiel zu Erben 2. Ordnung

Herr Schmid verstirbt unverheiratet und ohne Kinder zu hinterlassen. Sein Nachlass fällt zu gleichen Teilen an seine Eltern (§ 1925 Abs. 2 BGB).

Alternative:

Lebt nur noch der Vater oder die Mutter von Herrn Schmid, so erbt dieser Elternteil die Hälfte des Nachlasses. An die Stelle des verstorbenen Elternteils treten dessen Abkömmlinge (§ 1925 Abs. 3 S. 1 BGB). Dies sind die Geschwister bzw. Halbgeschwister von Herrn Schmid und deren Abkömmlinge. Sind keine Abkömmlinge des vorverstorbenen Elternteils vorhanden, erbt der überlebende Elternteil allein (§ 1925 Abs. 3 S. 2 BGB).

Erben 3. Ordnung

Die Erben 3. Ordnung kommen erst zum Zuge, wenn zum Zeitpunkt des Erbfalls keine gesetzlichen Erben der 1. und 2. Ordnung vorhanden sind. Erben 3. Ordnung sind die Großeltern des Erblassers und deren „Abkömmlinge", also Onkel, Tanten, Cousinen und Cousins (§ 1926 Abs. 1 BGB).

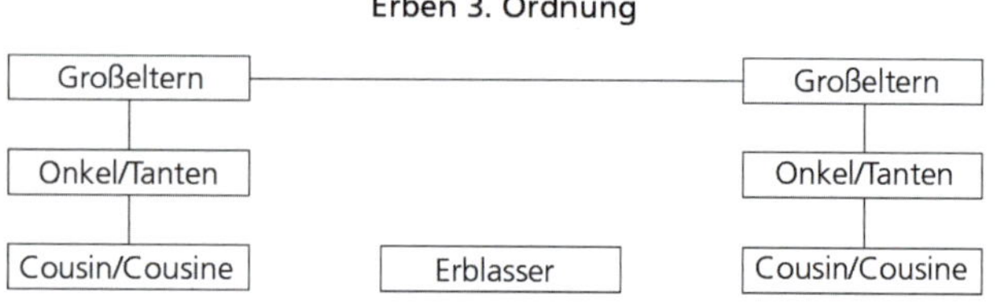

Abb. 3: Erben 3. Ordnung

Beispiel zu Erben 3. Ordnung

Die kinderlose, ledige Erblasserin war das einzige Kind ihrer vorverstorbenen Eltern. Ihre Mutter hatte keine Ge-

schwister. Der Vater hatte Schwester und Bruder, also Tante und Onkel der Erblasserin. Der Onkel lebt noch, die vorverstorbene Tante hinterlässt zwei Söhne, also Cousins der Erblasserin. Keiner der vier Großelternteile lebt mehr. Der Nachlass der Erblasserin geht zur Hälfte an den Onkel und zu je 1/4 an die beiden Cousins.

Gesetzliches Erbrecht des Ehegatten

Hat der verheiratete Erblasser weder ein Testament noch einen Erbvertrag errichtet und hinterlässt er neben seinem Ehegatten Kinder, wird er von seinem Ehepartner und den Kindern beerbt. Nach der Regelung der §§ 1931, 1371 BGB hängt die Erbquote des Ehegatten vorrangig vom ehelichen Güterstand ab. Es muss dabei zwischen Zugewinngemeinschaft, Gütertrennung und Gütergemeinschaft unterschieden werden:

Übersicht „Gesetzliches Erbteil des Ehegatten"

	neben 1 Kind	neben 2 Kindern	bei mehr als 2 Kindern
bei Zugewinngemeinschaft	1/4 + 1/4 = 1/2	1/4 + 1/4 = 1/2	1/4 + 1/4 = 1/2
bei Gütertrennung	1/2	1/3	1/4
bei Gütergemeinschaft	1/4	1/4	1/4

Nachteile der gesetzlichen Erbfolge

Ohne durchdachte letztwillige Verfügung greift die gesetzliche Erbfolge. Der Erblasser verschafft hierdurch seinen Hinterbliebenen oft genug ein gewaltiges Streitpotenzial, Vermögensverluste, eine vermeidbare Erbschaftsteuerlast und nicht selten auch eine ungerechte Vermögensverteilung. So können sich durch die gesetzliche Erbfolge insbesondere folgende Nachteile ergeben:

- Die wirtschaftlichen Folgen der gesetzlichen Erbfolge entsprechen nicht dem Willen des Erblassers.
- Die gesetzliche Erbfolge führt oft zu Erbengemeinschaften mit einem sich hieraus ergebenden äußerst hohen Streitpotenzial.
- Der Ehegatte oder der Lebenspartner nach dem Lebenspartnerschaftsgesetz ist nicht hinreichend abgesichert, da durch die gesetzliche Erbfolge zwischen ihm und den Kindern eine Erbengemeinschaft entsteht, bei der jeder Miterbe jederzeit die Teilung des Nachlasses verlangen kann (§ 2042 BGB). Zudem sind oft minderjährige Kinder Mitglied einer solchen Erbengemeinschaft, was deren Verwaltung und Auseinandersetzung im Hinblick auf die meist erforderliche Familiengerichtliche Mitwirkung erheblich erschwert und verteuert.
- Eine besondere Fürsorge für schwächere Familienmitglieder (beispielsweise minderjährige oder behinderte Kinder) ist nicht möglich.
- Ein nichtehelicher Partner ohne Trauschein bleibt mangels gesetzlicher Erbberechtigung nach dem Tode des Partners oft ohne jede finanzielle Absicherung zurück.

- Mangels letztwilliger Verfügung hat der Erblasser keine Einwirkungsmöglichkeit auf den Nachlass und kann keine – oft zur Streitvermeidung unter den Erben zwingend erforderlichen – Regelungen zur Verwaltung und Aufteilung des Nachlasses treffen.
- Eine Untätigkeit in der Vermögenssorge führt zum Verlust der Möglichkeit steueroptimierender Gestaltungen.
- Gehört ein Unternehmen zum Nachlass, wird dessen Existenz durch die oftmals auftretende Handlungsunfähigkeit einer Erbengemeinschaft gefährdet, da wichtige unternehmerische Entscheidungen nicht oder nur mit erheblicher Verzögerung getroffen werden können.

Auf den Punkt gebracht

Durch eine kluge, vorausschauende vorweggenommene Erbfolge kann die spätere Erbschaftsteuerlast deutlich reduziert, das Familienvermögen erhalten, der Schenker und seine Familie für Alter und Pflege versorgt sowie die Pflichtteilshaftung des späteren Erben und die gravierenden Nachteile der gesetzlichen Erbfolge begrenzt werden.

Steuerliches Grundwissen für eine Übertragung

Die verschiedenen Gestaltungsalternativen im Rahmen der vorweggenommenen Erbfolge können nur dann zutreffend beurteilt werden, wenn man die steuerlichen Grundlagen kennt. Für den Schenker und Beschenkten ist es deshalb leider nicht vermeidbar, sich mit den Prinzipien der Besteuerung und Bewertung – zumindest in den Grundzügen – auseinanderzusetzen.

Die Bestimmungen für die Besteuerung von Schenkungen und Erbschaften sind im Erbschaft- und Schenkungsteuergesetz, im Bewertungsgesetz sowie in einer Vielzahl von Richtlinien und Hinweisen geregelt. Letztere enthalten praxisnahe Fallbeispiele und stellen deshalb auch für den steuerlichen Laien eine interessante Lektüre dar. Wer sich mit dem Erbschaft- und Schenkungsteuerrecht näher befassen möchte, dem werden die entsprechenden Gesetze, Richtlinien und Hinweise in Form der Taschenbuchausgabe „Erbschaftsteuerrecht, Beck-Texte im dtv (Nr. 5547)" empfohlen.

Steuerklassen und Freibeträge

Die in der folgenden Tabelle genannten Freibeträge beziehen sich auf das Verwandtschaftsverhältnis des Schenkers zum Beschenkten.

Die Steuerklassen haben übrigens nichts mit den Lohnsteuerklassen zu tun. In den Steuerklassen ist das verwandtschaftliche Verhältnis zum Schenker berücksichtigt: So gehören zur

Steuerklasse I der Ehegatte und das Kind, zur Steuerklasse II die Eltern und Geschwister und zur Steuerklasse III alle Personen, die nicht zu den Steuerklassen I und II gehören, insbesondere also die Personen, mit denen der Schenker nicht verwandt ist, z. B. der Lebensgefährte.

Erbschaftsteuerklassen und -freibeträge		
Steuerklasse	**Erwerber**	**Persönlicher Freibetrag (§ 16 ErbStG)**
I	Ehegatte/eingetragener Lebenspartner	500.000 EUR
I	Kind; Stiefkind; Enkel, wenn Eltern vorverstorben	400.000 EUR
	Enkel; (wenn die Eltern noch leben)	200.000 EUR
	Eltern und Großeltern im Erbfall, Urenkel und deren Abkömmlinge	100.000 EUR
II	Eltern und Großeltern bei Schenkung; Geschwister; Neffen; Nichten; Schwiegerkinder; Schwiegereltern; geschiedener Ehegatte	20.000 EUR
III	alle Übrigen, insb. Paare ohne Trauschein und nicht eingetragene Lebenspartner	20.000 EUR

Die Erbschaft- und Schenkungsteuerklassen sind so anzuwenden, dass vom steuerpflichtigen Erwerb der persönliche Freibetrag abgezogen wird und nur noch der eventuell verbleibende Rest zu versteuern ist.

Beispielrechnung zur Erbschaftsteuer

Dem Kind wird von der Mutter ein Hausgrundstück im steuerlichen Wert von 450.000 EUR geschenkt. Hiervon wird der Freibetrag von 400.000 EUR abgezogen, so dass noch 50.000 EUR mit 7 % = 3.500 EUR zu versteuern sind. Wurden dem Kind in den letzten zehn Jahren vor der Grundstücksschenkung schon einmal von der Mutter 60.000 EUR geschenkt, sind die steuerlichen Werte zu addieren, also 60.000 EUR plus 450.000 EUR = 510.000 EUR. Hiervon wird dann der Freibetrag von 400.000 EUR abgezogen, so dass noch 110.000 EUR mit 11 % = 12.100 EUR zu versteuern sind.

Die persönlichen Freibeträge entstehen alle zehn Jahre neu. Dies ist aber nicht so zu verstehen, dass sich alle zehn Jahre die Freibeträge automatisch kumulieren, also einem 30-jährigen Kind schon ein Freibetrag von 3 × 400.000 EUR (= 1.200.000 EUR) zustehen würde. Vielmehr ist es so, dass nicht vollzogene Schenkungen unberücksichtigt bleiben und einem Kind nur ein Freibetrag für die Übertragung des Vermögens in den letzten zehn Jahren zusteht. Anders als im Falle sogenannter Abschmelzung im Pflichtteilsrecht (vergleiche dazu Seite 42) entstehen die Freibeträge auch nicht jährlich zu 10 % neu. Vielmehr bedarf es zur Entstehung eines neuen Freibetrages des Ablaufs der gesamten zehn Jahre nach einer erfolgten Schenkung.

Beispiel zu Freibeträgen

Wenn etwa der Vater seiner Tochter vor 11 Jahren ein Grundstück im steuerlichen Wert von 400.000 EUR geschenkt hat, dann spielt diese Schenkung keine Rolle mehr, wenn er jetzt eine erneute Schenkung vornimmt. Der Vater könnte also weiteres Vermögen in Höhe des steuerlichen Freibetrags von 400.000 EUR auf seine Tochter übertragen. Wegen des Ablaufs der zehn Jahre steht der Tochter der Freibetrag von 400.000 EUR wieder zu und Schenkungsteuer ist nicht zu zahlen. Hat der Vater die erste Schenkung vor neun Jahren vorgenommen, ist der Wert beider Schenkungen zu addieren und davon nur einmal der Freibetrag abzuziehen. Durch gezielte Schenkungen im Zehn-Jahres-Rhythmus können somit nach zehn Jahren und einem Tag 800.000 EUR von jedem Elternteil auf jedes Kind steuerfrei übertragen werden

Steuersätze

Die bei Schenkungen und Erbschaften zu zahlende Steuer ergibt sich aus folgender Tabelle.

Erbschaftsteuertarif			
Erwerb bis einschließlich EUR	%-Satz in der Steuerklasse		
	I	II	III
75.000	7	15	30
300.000	11	20	30

Erbschaftsteuertarif			
Erwerb bis einschließlich EUR	%-Satz in der Steuerklasse		
	I	II	III
600.000	15	25	30
6.000.000	19	30	30
13.000.000	23	35	50
26.000.000	27	40	50
über 26.000.000	30	43	50

Die in der Tabelle genannten Wertgrenzen sind so zu lesen, dass ein steuerlicher Wert bis 75.000 EUR in Steuerklasse I mit 7 % zu versteuern ist. Ist der steuerliche Wert höher als 75.000 EUR (z.B. 80.000 EUR), ist der Gesamtbetrag mit 11 % zu versteuern und nicht – wie man auch annehmen könnte – bis 75.000 EUR mit 7 % und die Differenz von 75.000 EUR bis 80.000 EUR mit 11 %.

Die Höhe der Erbschaft- und Schenkungsteuer ist abhängig von dem Verwandtschaftsverhältnis zwischen Erben und Erblasser beziehungsweise Beschenktem und Schenker. Das Verwandtschaftsverhältnis bestimmt nicht nur die Steuerklasse und damit den anzuwendenden Steuertarif, sondern auch die persönlichen Freibeträge der Begünstigten.

Steuerbefreiungen

Für bestimmte Gegenstände sieht § 13 ErbStG eine sachliche Steuerbefreiung vor. Diese kann für den betroffenen Gegenstand entweder zu einer vollständigen Freistellung von der Steuer oder zu einer Befreiung bis zu einem bestimmten Höchstbetrag führen. Liegt eine vollständige Freistellung des Erwerbes vor, unterliegt die Übertragung des jeweiligen Gegenstandes keiner Erbschaft- oder Schenkungsteuer. Liegt hingegen eine betragsmäßige Freistellung vor, wird der auf den Gegenstand entfallende Betrag bis zu dessen Höchstbetrag beim steuerbaren Erwerb als Abzugsposten berücksichtigt (§ 10 Abs. 1 Satz 1 ErbStG).

Beispiel zu gegenständlichen Steuerbefreiungen

Herr Manfred Muster ist seit einem Jahr mit seiner Ehefrau in zweiter Ehe verheiratet. Zum Zeitpunkt der Eheschließung war seine Ehefrau mittellos, wohingegen Manfred Muster eine sehr exklusiv eingerichtete Wohnung in der Münchner Innenstadt besaß. Seit der Eheschließung bewohnt das Ehepaar diese Wohnung gemeinsam. Ein Jahr nach der Eheschließung schenkt Manfred Muster seiner Ehefrau mittels notarieller Urkunde die Hälfte der Immobilie sowie einen jeweiligen Miteigentumsanteil von ein Halb an dem gesamten Inventar der Wohnung. Die Immobilie hat einen Wert von circa 900.000 EUR. Das Inventar der Wohnung hat einen Wert von circa 150.000 EUR. Die Ehefrau erhält somit einen Immobilienwert von 450.000 EUR und einen Wert am Inventar von 75.000 EUR.

Die Übertragung der Immobilie als Familienheim ist gemäß § 13 Abs. 1 Nr. 4a ErbStG steuerfrei. Auf den Wert des An-

teils an der Immobilie kommt es nicht an. (Zu den Einzelheiten einer Übertragung der Immobilie unter Lebenden *siehe Seite 71.)* *Die erworbenen Hausratsgegenstände im Wert von 75.000 EUR sind gemäß § 13 Abs. 1 Nr. 1a ErbStG bis zu einem Wert von 41.000 EUR steuerfrei. Die verbleibenden 34.000 EUR unterliegen hingegen der Schenkungsteuer.*

Die in der Praxis häufigsten Steuerbefreiungen betreffen gemäß § 13 ErbStG folgende Gegenstände:

- Hausrat einschließlich Wäsche- und Kleidungsstücke sind bei einem Erwerb durch Personen der Steuerklasse I bis zu einem Wert von 41.000 EUR steuerfrei. Bei Erwerbern der Steuerklasse II und III sind sie nur bis zu einem Wert von 12.000 EUR steuerfrei.
- Sonstige bewegliche körperliche Gegenstände sind für Erwerber der Steuerklasse I bis zu 12.000 EUR steuerfrei.
- Kunst- und Kulturgegenstände bleiben unter bestimmten Umständen fast vollständig steuerfrei.
- Schenkungen an erwerbsunfähige Eltern und Großeltern bleiben steuerfrei, soweit sie mit dem übrigen Vermögen des Erwerbers den Betrag von 41.000 EUR nicht übersteigen.
- Hat jemand den Erblasser unentgeltlich oder gegen eine nicht ausreichende Bezahlung gepflegt oder unterhalten, so kann er hierfür eine Steuerbefreiung der Zuwendung von 20.000 EUR geltend machen.
- Zuwendungen an Religionsgemeinschaften und steuerbegünstigte gemeinnützige oder mildtätige Körperschaften sind steuerfrei.

- Weitere sachliche Steuerbefreiungen gewährt das Gesetz unter bestimmten Umständen auf selbst genutzte Immobilien und Betriebsvermögen.

Die vorangehend dargelegten Wertgrenzen des § 13 ErbStG sind keine Freigrenzen. Bei ihrem Überschreiten entfällt deshalb nicht insgesamt die Steuerbefreiung, sondern nur insoweit, als die Wertgrenze überschritten wird.

Abzug von Verbindlichkeiten

Als steuerpflichtiger Erwerb gilt gemäß § 10 Abs. 1 Satz 1 ErbStG die Bereicherung des Erwerbers, soweit sie nicht aufgrund einer der zuvor dargestellten Steuerbefreiungen steuerfrei ist. Zudem sind gemäß § 10 Abs. 5 ErbStG von dem Erwerb alle Nachlassverbindlichkeiten abzuziehen. Hierunter sind insbesondere folgende Verbindlichkeiten zu verstehen:

- Abzuziehen sind alle Erblasserschulden. Das sind Schulden, die noch vom Erblasser herrühren und nicht durch seinen Tod erloschen sind, wie Darlehensverbindlichkeiten, Steuerschulden und Ähnliches.
- Ebenfalls abzuziehen sind sogenannte Erbfallschulden, also Schulden die erst durch den Tod entstanden sind. Das sind beispielsweise Verbindlichkeiten aus Vermächtnissen, Auflagen sowie aus geltend gemachten Pflichtteils- und Erbersatzansprüchen, die erst durch den Tod des Erblassers entstanden sind.

- Auch die Kosten der Bestattung, des Grabes einschließlich der Grabpflege sowie Kosten zur Abwicklung des Nachlasses reduzieren den steuerpflichtigen Erwerb. Unter Abwicklungskosten sind auch die Aufwendungen zur Nachlassauseinandersetzung unter Miterben zu verstehen. Ohne Nachweis werden alle diese Kosten mit einem Pauschalbetrag von insgesamt 10.300 EUR vom Erwerb abgezogen. Nur wenn der Erwerber einen höheren Betrag nachweist, ist dieser höhere Betrag maßgeblich.
- Zudem können Kosten für die Erlangung des Erbes oder des sonstigen Vermögensvorteils den steuerpflichtigen Erwerb reduzieren. Zu derartigen Erwerbskosten gehört unter anderem eine Abfindungszahlung, die ein Erbe an einen ausschlagenden Erben zahlt, um durch dessen Ausschlagung die Erbschaft zu erhalten.
- Abzuziehen sind auch die Kosten einer anwaltlichen Beratung und Vertretung im Rahmen des Erhalts des Erbes oder der Schenkung sowie insbesondere auch die Kosten einer Erbschaft- oder Schenkungsteuererklärung durch einen Steuerberater oder Rechtsanwalt.

Beispiel zur Ausschlagungsvereinbarung

Ein vermögender Erblasser verstirbt ohne Testament. Gesetzliche Erben sind seine Ehefrau zu ein Halb und seine drei volljährigen Kinder zu jeweils ein Sechstel. Erben zweiter Ordnung, wie Eltern oder Geschwister, sind nicht vorhanden. Alle Erben sind sich einig, dass die Ehefrau des Erblassers zunächst den gesamten Nachlass erhalten soll und von den Mieteinnahmen aus dem umfangreichen Immobilienvermögen leben soll. Da die Kinder jedoch nicht auf Ihren Freibetrag nach Ihrem Vater verzichten wollen, vereinbaren Sie mit Ihrer Mutter Folgendes:

Als Gegenleistung für eine Ausschlagung der Erbschaft sollen die Kinder ein Wertpapiervermögen im Wert von insgesamt 900.000 EUR sowie eine Zahlung von jeweils 100.000 EUR je Kind von der Mutter erhalten. Nach Abschluss dieser Vereinbarung schlagen die Kinder die Erbschaft für sich und – soweit vorhanden – auch für ihre minderjährigen Kinder, somit die Enkelkinder des Erblassers, aus. So wird die Mutter und Ehefrau des Erblassers Alleinerbin. Als solche überträgt sie das Wertpapiervermögen auf die drei Kinder und zahlt an jedes Kind noch 100.000 EUR.

Mit dem Wertpapiervermögen im Wert von 300.000 EUR je Kind erhält jedes Kind im Ergebnis insgesamt 400.000 EUR. Da dieser Betrag ihrem Freibetrag entspricht, fällt bei den Kindern keine Erbschaftseuer an.

Die Mutter kann die an die drei Kinder jeweils geleisteten 400.000 EUR als Kosten zur Erlangung der Erbschaft von dem zu versteuernden Nachlass abziehen. Der zu versteuernde Nachlass reduziert sich damit um 1.200.000 EUR.

Auf den Punkt gebracht

Wer die Chancen und Risiken einer lebzeitigen Zuwendung von Grundbesitz zutreffend beurteilen will, muss die steuerlichen Grundlagen, insbesondere die Freibeträge, die Steuerklassen- und Steuersätze sowie die Steuerbefreiungen in den Grundzügen kennen. Für eine steueroptimierte Übertragung von Vermögen stehen zahlreiche – völlig legale – Gestaltungsalternativen zur Verfügung, bei deren Umsetzung aber nie auf den Rat eines erfahrenen Erb- und Steuerexperten verzichtet werden kann.

Die Schenkung im Zivil- und Steuerrecht

Man könnte meinen, dass jedem klar ist, was unter einer Schenkung zu verstehen ist. Schaut man jedoch genauer hin, stellt man fest, dass viele Vorgänge nicht eindeutig als Schenkung zu bezeichnen sind. So ist beispielsweise fraglich, ob es sich um eine Schenkung handeln soll, wenn beide Vertragsparteien ahnen, dass der vereinbarte Preis für eine Sache um ein vielfaches unter dem Durchschnittspreis vergleichbarer Sachen liegt.

Die Frage einer Schenkung stellt sich auch, wenn eine der Vertragsparteien die Diskrepanz zwischen dem vereinbarten Preis und dem durchschnittlichen Preis für eine solche Sache genau kennt.

Da die Abgrenzung eines bloß günstigen Geschäftes zur Schenkung nicht immer einfach ist, regelt nicht nur das BGB, was unter einer Schenkung zu vorzustehen ist, sondern auch das ErbStG. So soll gemäß § 7 Abs. 1 Nr. 1 ErbStG steuerrechtlich eine Schenkung unter Lebenden vorliegen, wenn folgende Voraussetzungen erfüllt sind:

- die Zuwendung von Vermögen von einer Person an eine andere Person,
- eine Unentgeltlichkeit der Zuwendung,
- eine objektive Bereicherung des Empfängers der Leistung auf Kosten des Zuwendenden,
- eine Freigiebigkeit der Zuwendung.

Anders als die Schenkung im Sinne des § 516 BGB verlangt das ErbStG damit keine Einigung der Vertragspartner über die Unentgeltlichkeit der Zuwendung, sondern lässt eine sogenannte Freigiebigkeit der Zuwendung genügen. Hierunter ist der Wille des Leistenden zu verstehen, dem Empfänger die Bereicherung schenkweise zu verschaffen. Auf den Willen des Empfängers, etwas als Schenkung zu erhalten, kommt es nicht an.

Neben einer klassischen Schenkung werden gemäß § 7 ErbStG auch die folgenden Vermögensübertragungen als Schenkung behandelt:

- dasjenige, was jemand in Vollziehung einer von dem Schenker angeordneten Auflage unentgeltlich erhalten hat,
- was jemand als Abfindung für einen Erbverzicht oder einen Pflichtteilsverzicht erhält,
- was ein Vorerbe dem Nacherben mit Rücksicht auf eine angeordnete Nacherbschaft vor dem Eintritt der Nacherbschaft herausgibt.

Auf den Punkt gebracht

Stark vereinfacht dargestellt, liegt steuerrechtlich immer dann eine Schenkung vor, wenn eine Person von einer anderen Person einen Vermögensvorteil erhält, ohne aus dem eigenen Vermögen eine entsprechende Gegenleistung zu erbringen und wenn die zuwendende Person weiß, dass sie etwas „verschenkt". Die empfangende Person braucht dies nicht zu wissen.

Rechtliche Rahmenbedingungen einer Schenkung

Bei der Übertragung einer Immobilie sind folgende rechtliche Rahmenbedingungen zu beachten:

- Der Übergabevertrag bedarf der notariellen Beurkundung
- Erbrechtliche Bestimmungen können nach dem Tod des Schenkers zur Pflichtteilshaftung (vergleiche dazu Seite 37) und zur Rückabwicklung der Übertragung führen (vergleiche dazu Seite 50).
- Zuwendungen an Minderjährige können die Mitwirkung eines Ergänzungspflegers und die Zustimmung des Familiengerichts erforderlich machen (vergleiche dazu Seite 52).
- Nimmt der Schenker nach der Übertragung Sozialhilfeleistungen in Anspruch, so kann dies zum Sozialhilferegress beim Beschenkten führen (vergleiche dazu Seite 54).
- Vor allem für den Beschenkten ist es wichtig, bei einer Übertragung die schenkungsteuerlichen Auswirkungen der Übergabe zu kennen (vergleiche dazu die Seiten n).
- Der Schenker sollte zudem auch die ertragsteuerlichen Auswirkungen der Übergabe berücksichtigen.

Beurkundung einer Immobilienübertragung

Verträge, deren Ziel die Übereignung von Grundbesitz ist, bedürfen gemäß § 311b BGB der notariellen Beurkundung. Gleiches gilt gemäß § 518 Abs. 1 BGB für Schenkungserklärungen, unabhängig davon, ob Immobilien oder sonstige Vermögenswerte zugewendet werden sollen. Während bei Grundstücksübertragungsverträgen ein Formmangel grundsätzlich zur Nichtigkeit führt, kann bei Schenkungen durch den späteren Vollzug der Schenkung gemäß § 518 Abs. 2 BGB eine Heilung des Formmangels bewirkt werden. Die Mitwirkung des Notars im Rahmen von Übergabeverträgen ist auch für eine Eintragung des Übernehmers im Grundbuch erforderlich.

Notarielle Beurkundung und Beratung

Ist eine notarielle Beurkundung vorgesehen, beinhalten die Gebühren für die notarielle Urkunde auch eine erforderliche Beratung sowie eine detaillierte Besprechung aller Einzelheiten, die für den gewünschten Vertrag von Bedeutung sind. Allerdings ist der Notar im Regelfall nicht verpflichtet, über etwaige steuerliche Folgen eines Geschäfts zu belehren. Er haftet jedoch, wenn er tatsächlich zu steuerlichen Fragen belehrt und die Belehrung in einer Weise falsch oder unvollständig war, dass der Betroffene in die Gefahr eines folgenschweren Irrtums gerät.

Einem Mandanten ist dringend zu raten, ausdrücklich nach den etwaigen steuerlichen Folgen eines beurkundungspflichtigen Vertrages zu fragen. Verweist dann der Notar den Mandanten auf einen Steuerberater oder Rechtsanwalt, so sollte dieses steuerliche Beratungsgespräch zwingend vor der Beurkundung geführt werden.

Kosten einer Beurkundung

Die Höhe der Notarkosten richtet sich nach dem Gebührensatz für die einzelne Amtshandlung des Notars und wird anhand einer Gebührentabelle nach dem „Geschäftswert" errechnet. Zusätzlich zu den Gebühren für die jeweilige Beurkundungs- oder Beglaubigungstätigkeit werden noch Kostenpauschalen (Schreibdienst, Kopien, Versand) erhoben sowie die gesetzliche Mehrwertsteuer. Welche Gebühren wann anfallen, ist in dem Gesetz über Kosten der freiwilligen Gerichtsbarkeit für Gerichte und Notare (GNotKG) geregelt.

Gebührensätze:

Beglaubigung einer Unterschrift	**0,2 Gebühr (maximal 70 EUR)**
Beurkundung einer Vollmacht	1,0 Gebühr (maximal 1.735 EUR)
Beurkundung eines Übergabevertrages	2 Gebühren
Beurkundung eines Schenkungsvertrages	2 Gebühren

Die Höhe der jeweiligen Gebühren ist vom Wert der zu beurkundenden oder zu beglaubigenden Urkunde abhängig. Eine volle Gebühr für die Tätigkeit eines Notars bestimmt sich nach folgender Tabelle:

Gebühr für die Tätigkeit eines Notars

Geschäftswert bis … EUR	1,0 Gebühr beträgt EUR …		Geschäftswert bis … EUR	1,0 Gebühr beträgt EUR …
5.000	45		600.000	1.095
20.000	107		700.000	1.255
35.000	135		800.000	1.415
50.000	165		900.000	1.575
100.000	273		1.000.000	1.735
150.000	354		1.500.000	2.535
200.000	435		2.000.000	3.335
250.000	535		2.500.000	4.135
300.000	635		3.000.000	4.935
350.000	685		3.500.000	5.735
400.000	785		4.000.000	6.535
450.000	885		4.500.000	7.335
500.000	935		5.000.000	8.135

Erbrechtliche Schranken einer Schenkung

Die Freiheit des Einzelnen, sein Vermögen zu Lebzeiten zu übertragen, findet gewisse Grenzen im Erbrecht:

- Pflichtteilsberechtigte Personen können nach dem Ableben des Schenkers Pflichtteilsergänzungsansprüche (§ 2325 BGB) gegen den Erben, ersatzweise gegen den Beschenkten (§ 2329 BGB), geltend machen (vergleiche dazu Seite 38).
- Ist der Schenker nach dem Ableben seines Ehegattens an die in einem gemeinschaftlichen Testament enthaltene Schlusserbeneinsetzung gebunden, so können sogenannte „böswillige" Schenkungen des Erblassers von den Schlusserben in entsprechender Anwendung des § 2287 BGB zurückgefordert werden (vergleiche dazu Seite 49).
- Hat der Schenker den Schenkungsgegenstand als testamentarischer Vorerbe erhalten, können Immobilienzuwendungen oder Schenkungen mit dem Ableben des Vorerben unwirksam werden. Dies hat zur Folge, dass die testamentarischen Nacherben Rückabwicklung vom Übernehmer verlangen können (vergleiche dazu Seite 51).

Pflichtteilshaftung des Erben

Der Pflichtteil sichert den nahen Angehörigen des Verstorbenen eine finanzielle Mindestbeteiligung am Nachlass für den Fall, dass der Erblasser sie durch Verfügung von Todes wegen von der gesetzlichen Erbfolge ausgeschlossen hat. Der Pflichtteil entspricht der Hälfte des Wertes des gesetzlichen Erbteils (§ 2303 Abs. 1 Satz 2 BGB). Im Gegensatz zum (gesetzlichen oder testamentarischen) Erbteil wird der Pflichtteil nur in Form von Geld beglichen.

Das Gesetz unterscheidet zwischen dem sogenannten „ordentlichen" Pflichtteilsanspruch (§§ 2303, 2305 BGB), der aus dem Wert des zum Zeitpunkt des Erbfalls vorhandenen Nachlasses berechnet wird, und dem sogenannten „Pflichtteilsergänzungsanspruch". Letzterer betrifft lebzeitige Schenkungen des Erblassers.

Der Pflichtteilsanspruch entsteht nicht schon mit der Errichtung einer letztwilligen Verfügung, sondern erst mit dem Tod des Erblassers.

Pflichtteilsberechtigung

Pflichtteilsberechtigt sind gemäß § 2303 BGB nur

- die Abkömmlinge des Erblassers (Kinder, Enkel, Urenkel, Ur-Urenkel),
- die Eltern des Erblassers,
- der Ehegatte des Erblassers oder der Partner einer eingetragenen Lebenspartnerschaft,

wenn sie durch Verfügung von Todes wegen von der gesetzlichen Erbfolge ausgeschlossen sind.

Geschiedene Ehegatten, Partner ohne Trauschein und Geschwister des Erblassers haben kein Pflichtteilsrecht.

Pflichtteilsquote

Die Pflichtteilsquote entspricht der Hälfte der gesetzlichen Erbquote (§ 2303 Abs. 1 Satz 2 BGB). Hat beispielsweise ein lediger Erblasser drei Kinder, steht jedem enterbten Kind eine Pflichtteilsquote von einem Sechstel zu, da die gesetzliche Erbquote der Kinder jeweils ein Drittel betragen hätte.

Übersicht „Pflichtteilsquoten von Ehegatten und Kindern"

Güterstand	Pflichtteil des Ehegatten neben Abkömmlingen	Pflichtteil je Kind, falls Erblasser verheiratet war		
		Anzahl der hinterlassenen Kinder		
		1	2	3
Zugewinngemeinschaft (erb-rechtliche Lösung)	1/4 (großer Pflichtteil)	1/4	1/8	1/12

Güterstand	Pflichtteil des Ehegatten neben Abkömmlingen			Pflichtteil je Kind, falls Erblasser verheiratet war		
				Anzahl der hinterlassenen Kinder		
Zugewinngemeinschaft (güterrechtliche Lösung)	1/8 (kleiner Pflichtteil)			3/8	3/16	1/8
Gütertrennung	1 Kind: 1/4	2 Kinder: 1/6	3 und mehr Kinder: 1/8	1/4	1/6	1/8
Gütergemeinschaft	1/8			3/8	3/16	1/8

Pflichtteil bei Schenkungen des Erblassers

Der Gesetzgeber hat zum Schutz des Pflichtteilsberechtigten angeordnet, dass bestimmte Schenkungen vor dem Tod des Erblassers bei der Pflichtteilsberechnung im Rahmen eines sogenannten Pflichtteilsergänzungsanspruchs (§ 2325 BGB) zu berücksichtigen sind. Hierdurch soll verhindert werden, dass der Erblasser zu Lebzeiten Teile seines Vermögens verschenkt, dadurch den pflichtteilsrelevanten Nachlass reduziert und so den Pflichtteil entwertet.

Gemischte Schenkungen

Gemischte Schenkungen, also Zuwendungen des Erblassers für die er vom Beschenkten zwar eine Gegenleistung erhält, bei der die Gegenleistung jedoch nicht dem Wert der Leistung entspricht, können in Höhe des unentgeltlichen Anteils der Pflichtteilsergänzung unterliegen. Voraussetzung ist jedoch, dass der Pflichtteilsberechtigte nachweisen kann, dass sich der Erblasser und der Beschenkte darüber einig waren, dass eine Teilunentgeltlichkeit vorliegt. Dies ist nicht der Fall, wenn die Parteien des Rechtsgeschäfts trotz einer objektiven Ungleichwertigkeit von Leistung und Gegenleistung fehlerhaft von deren Gleichwertigkeit ausgingen. In einem solchen Fall liegt keine Schenkung vor, sondern lediglich ein günstiges Geschäft für einen der Vertragspartner.

Pflicht- und Anstandsschenkungen

Sogenannte Pflicht- und Anstandsschenkungen im Sinne des § 2330 BGB begründen keinen Pflichtteilsergänzungsanspruch. Zu den Anstandsschenkungen zählen kleinere Zuwendungen zu bestimmten Anlässen (Geburtstag, Weihnachten, Hochzeit, etc.). Pflichtschenkungen können dagegen einen erheblichen Wert haben, müssen aber sittlich geboten sein. So können Zuwendungen für unbezahlte langjährige Dienste im Haushalt oder für eine Pflege und Versorgung im Alter eine Pflichtschenkung darstellen.

Schuldner des Pflichtteilsergänzungsanspruchs

Schuldner des Pflichtteilsergänzungsanspruches sind zunächst die Erben. Vom Beschenkten kann der Pflichtteilsberechtigte die Herausgabe des Geschenkes nach § 2329 BGB nur dann verlangen,

- wenn der Erbe selbst zur Ergänzung des Pflichtteils nicht verpflichtet ist, etwa weil kein ausreichender oder nur ein verschuldeter Nachlass vorhanden ist oder,
- weil der Erbe ansonsten selbst weniger als seinen Pflichtteil unter Berücksichtigung auch seiner Pflichtteilsergänzung erhalten würde (§ 2328 BGB).

Beispiel zum Pflichtteilsergänzungsanspruch

Der Erblasser hatte durch Testament seine Ehefrau als Alleinerbin bestimmt und seinen einzigen Sohn auf den Pflichtteil gesetzt. Seinem Freund hatte er acht Monate vor seinem Ableben eine Ferienwohnung im Wert von 200.000 EUR geschenkt. Aufgrund riskanter Börsenspekulationen verstirbt der Erblasser im Jahr 2009 völlig verarmt.

Die Schenkung der Ferienwohnung innerhalb der letzten zehn Lebensjahre des Erblassers führt zu einem Pflichtteilsergänzungsanspruch (§ 2325 BGB) des enterbten Sohnes i. H. v. 50.000 EUR (= $^1/_4$ Pflichtteilsquote aus einem Schenkungswert von 200.000 EUR). Dieser Anspruch richtet sich zunächst gegen die alleinerbende Witwe, die sich darauf berufen kann, dass der Nachlass für die Erfüllung dieses Pflichtteilsergänzungsanspruches nicht ausreichend ist. Damit der enterbte Sohn nicht leer ausgeht, ordnet § 2329 BGB für diesen Fall an, dass der Freund die Zwangsvollstreckung in die Ferienwohnung zur Begleichung der Forderung i. H. v. 50.000 EUR dulden muss. Die Herausgabe der Ferienwohnung zum Zwecke der Zwangsvollstreckung kann der Beschenkte abwenden, indem er dem enterbten Sohn den Pflichtteilsergänzungsbetrag i. H. v. 50.000 EUR ausbezahlt.

Zeitliche Begrenzung der ergänzungspflichtigen Schenkung

Gemäß § 2325 Abs. 3 BGB wird eine Schenkung nur im ersten Jahr vor dem Erbfall zu 100 % berücksichtigt. Für jedes weitere Jahr vor dem Erbfall wird der Wertansatz um 10 % reduziert. Das bedeutet, dass mit jedem vollendeten Jahr nach der Schenkung $^{1}/_{10}$ des Wertes für die Berechnung des Pflichtteilsergänzungsanspruches entfällt. Dieses sogenannte „Abschmelzungsmodell" wurde durch die Erb- und Pflichtteilsreform zum 1.1.2010 eingeführt. Schenkungen, die länger als zehn Jahre vor dem Tod zurücklagen, bleiben unberücksichtigt.

Abschmelzung der Pflichtteilsergänzung gemäß § 2325 Abs. 3 BGB

Leistung des Schenkungsgegenstandes erfolgt …	Berücksichtigung des Schenkungswertes mit …
im 1. Jahr vor dem Erbfall	100 %
im 2. Jahr vor dem Erbfall	90 %
im 3. Jahr vor dem Erbfall	80 %
im 4. Jahr vor dem Erbfall	70 %
im 5. Jahr vor dem Erbfall	60 %
im 6. Jahr vor dem Erbfall	50 %
im 7. Jahr vor dem Erbfall	40 %
im 8. Jahr vor dem Erbfall	30 %

Leistung des Schenkungsgegenstandes erfolgt ...	Berücksichtigung des Schenkungswertes mit ...
im 9. Jahr vor dem Erbfall	20 %
im 10. Jahr vor dem Erbfall	10 %
im 11. Jahr vor dem Erbfall oder früher	0 %

Keine Abschmelzung bei Nutzungsvorbehalten

Die Zehnjahresfrist sowie die Abschmelzung während dieser zehn Jahre nach der Schenkung beginnen nicht zu laufen, wenn die unentgeltliche Zuwendung nicht endgültig aus dem wirtschaftlichen Verfügungsbereich des Erblassers ausgegliedert wurde und bei diesem keinen sogenannten „Genussverzicht" begründet hat.

Dies ist nach der Rechtsprechung bei einem Vorbehaltsnießbrauch der Fall, da der Erblasser den verschenkten Gegenstand aufgrund des Nießbrauchs weiter nutzen kann. Demnach führt die Schenkung einer Immobilie unter Vorbehalt eines lebenslangen Nießbrauchs auch 25 Jahre vor Eintritt des Erbfalls noch zur Pflichtteilsergänzungspflicht.

Die Einräumung eines Wohnrechts an dem gesamten Schenkungsgenstand ist dem Nießbrauch gleichzustellen. Die Zehn-Jahresfrist beginnt also erst zu laufen, wenn das Wohnrecht erlischt oder der Berechtigte auf das Recht verzichtet. Betrifft das Wohnrecht hingegen nur einen kleinen, untergeordneten Teil des Schenkungsgegenstandes, beispielsweise nur zwei kleine Räume eines großen, mehrstöckigen Hauses, können die Zehnjahresfrist und die Abschmelzung zu laufen beginnen. Die diesbezüglichen Einzelheiten sind streitig und die Abgrenzung ist oft sehr schwer vorzunehmen. Gleiches gilt für die Frage, ob und wann Rückfall- oder Widerrufklauseln in einem Übergabevertrag den Fristbeginn hemmen. Dies ist höchstrichterlich noch nicht abschließend geklärt.

Auch Nutzungs-, Mitsprache- und Rücktrittsrechte des Schenkers können die Zehn-Jahres-Frist des § 2325 Abs. 3 BGB erheblich verlängern. Deshalb gilt: „Wer zu viel beschwert, schenkt verkehrt". Oft kann es zur Reduzierung des Pflichtteils sinnvoller sein, die Immobilie nicht unter Vorbehalt eines Nießbrauchs zu verschenken, sondern sie gegen eine Rente zu übertragen.

Pflichtteilsergänzung und Niederstwertprinzip

Immobilien werden gemäß § 2325 Abs. 2 Satz 2 BGB mit dem Wert zum Zeitpunkt des Erbfalls angesetzt oder, wenn der Wert zum Zeitpunkt der Schenkung niedriger war, mit diesem Wert. Es ist somit immer der Wert zum Zeitpunkt des Todes mit dem Wert zum Zeitpunkt der Schenkung zu vergleichen und der sich hieraus ergebende, niedrigere Wert der Pflichtteilsberechnung zugrunde zu legen (sogenanntes Niederstwertprinzip).

Eine Besonderheit ist bei der Bewertung von Immobilien zu beachten, an denen sich der Schenker Nutzungsrechte, beispielsweise einen Nießbrauch, vorbehalten hat. Nach ständiger Rechtsprechung des Bundesgerichtshofs wird im Falle einer Immobilienschenkung unter Nießbrauchsvorbehalt der stichtagsbezogene Vergleich der Werte zum Schenkungszeitpunkt und zum Todeszeitpunkt zunächst ohne Berücksichtigung des Nießbrauchs durchgeführt. Der Grundstückswert wird unabhängig vom vorbehaltenen Nießbrauch zu beiden Zeitpunkten bestimmt. Ergibt sich nach dem Niederstwertprinzip die Maßgeblichkeit des Wertes zum Zeitpunkt des Todes, verbleibt es bei dem ermittelten Grundstückswert ohne Berücksichtigung des Nießbrauchs. Dieser wird nicht mehr abgezogen, da er durch den Tod des Berechtigten erloschen ist. Ergibt die Bewertung hingegen einen niedrigeren Wert des Grundstücks zum Zeitpunkt der Schenkung, ist der Nießbrauch von diesem Wert abzuziehen, da er – anders als zum Todeszeitpunkt – zum Zeitpunkt der Schenkung noch bestand.

Pflichtteilsverzicht

Wenn Eheleute sich testamentarisch gegenseitig zum Erben eingesetzt haben, nehmen die Kinder an der Vermögensnachfolge nach dem erstversterbenden Elternteil nicht teil, sind also enterbt. Sie könnten deshalb Pflichtteilsansprüche geltend machen. Die – aus der Sicht des länger lebenden Ehegatten – ungewollte Geltendmachung von Pflichtteilsansprüchen wird in aller Regel als gravierender Störfall empfunden, zumal dadurch die Lebensplanung der Eltern durchkreuzt und auch das Versorgungsinteresse des länger lebenden Ehegatten beeinträchtigt werden kann. Die Vereinbarung eines Pflichtteilsverzichtes nach dem erstversterbenden Elternteil kann in diesem Zusammenhang nur empfohlen werden.

Aus steuerlichen Gründen kann es aber Sinn machen, dass gleichwohl Pflichtteilsansprüche geltend gemacht werden können. Dies sollte aber nur im Einvernehmen oder sogar auf ausdrücklichen Wunsch des Längerlebenden zulässig sein. Der Sinn der einvernehmlichen Geltendmachung von Pflichtteilsansprüchen ist der, dass der Pflichtteil ein Vermögenserwerb nach dem erstversterbenden Elternteil ist und ihm gegenüber die steuerlichen Freibeträge noch geltend gemacht werden können. Der länger lebende Ehegatte kann dann unter Berücksichtigung seines eigenen Versorgungsinteresses entscheiden, ob er diesem Begehren seiner Kinder nachkommt. Ein entsprechender Pflichtteilsverzicht könnte wie folgt lauten:

Mustertext „Pflichtteilsverzicht“:

Die Übernehmer erklären:

Jeder von uns verzichtet mit Wirkung für seine Abkömmlinge auf die Geltendmachung von Pflichtteilsansprüchen nach dem erstversterbenden Elternteil. Einvernehmlich ist jedoch die Geltendmachung von Pflichtteilsansprüchen oder Ansprüchen nach § 3 Abs. 2 Nr. 4 ErbStG, gegebenenfalls seiner Nachfolgevorschriften, zulässig. Dieser Pflichtteilsverzicht steht unter der Bedingung, dass das Rückforderungsrecht der Übergeber nicht ausgeübt wurde.

Die Übergeber erklären:

Wir nehmen den Pflichtteilsverzicht unserer Kinder an.

Neben dem Pflichtteilsverzicht nach dem erstversterbenden Elternteil kommt auch ein genereller Pflichtteilsverzicht in Betracht, also nach beiden Elternteilen. Dieser macht insbesondere dann Sinn, wenn das Kind, welches ein Grundstück erhält, ganz aus der Erbfolge ausscheiden soll, die Grundstücksübertragung sozusagen eine Abfindung für den Verlust der Erbenstellung sein soll. Wenn z. B. ein Kind mit der Übertragung eines Grundstücks dafür abgefunden werden soll, dass das andere Kind den elterlichen Betrieb übernimmt und deshalb der Alleinerbe sein soll. Es ist dann ausgesprochen sinnvoll, dass die störende Geltendmachung von Pflichtteilsansprüchen unterbleibt. Ein entsprechender genereller Pflichtteilsverzicht könnte lauten:

Mustertext „Genereller Pflichtteilsverzicht":

Mit dieser Übertragung des Vertragsgegenstandes verzichte ich mit Wirkung für meine Abkömmlinge auf sämtliche Pflichtteilsansprüche nach §§ 2303 ff. BGB und zwar nach dem ersten und dem zweiten Todesfall meiner Eltern.

Soll dieser Pflichtteilsverzicht Wirkung entfalten, müssen die Eltern zwingend ein Testament errichten und das andere Kind zum Erben, ggf. zum Schlusserben einsetzen. Unterbleibt dies, wird das auf den Pflichtteil verzichtende Kind gesetzlicher Miterbe.

Ausgleichung von Vorempfängen

Eine Ausgleichungsbestimmung sollte im Übergabevertrag nur dann aufgenommen werden, wenn der Übergeber seine Abkömmlinge wertmäßig gleich behandeln will. In Betracht kommt aber auch, dass das übertragene Grundstück bei der späteren Erbauseinandersetzung keine Rolle spielen, also gerade ein Wertausgleich nicht stattfinden soll.

> ***Mustertext „Ausgleichungsbestimmung":***
>
> *Der Übernehmer hat für den Fall, dass er Erbe wird, den Wert des übertragenen Vertragsgegenstandes nach § 2050 Abs. 3 BGB auszugleichen. Maßgeblich ist der Verkehrswert des Grundstücks zum Zeitpunkt meines Ablebens.*

Anrechnung von Vorempfängen auf den Pflichtteil

Es ist durchaus denkbar, dass der Übergeber eine andere Person als den Übernehmer zum Erben einsetzen möchte. Deshalb sollte auf jeden Fall eine Anrechnungsbestimmung auf den Pflichtteil getroffen werden, sonst könnte es geschehen, dass der Empfänger des Grundstücks später noch zusätzlich zum Grundstück einen Pflichtteilsanspruch erhält und damit im Verhältnis zu anderen Erben oder Pflichtteilsberechtigten stark begünstigt wird. Eine Anrechnungsbestimmung könnte lauten:

> ***Mustertext „Anrechnungsbestimmung":***
>
> *Die Übertragung des Vertragsgegenstandes erfolgt unter Anrechnung auf eventuelle spätere Pflichtteilsansprüche.*

Rückabwicklung böswilliger Schenkungen

In einem gemeinschaftlichen Testament von Ehegatten können gemäß § 2270 BGB sogenannte „wechselbezügliche" Verfügungen getroffen werden, die in ihrem rechtlichen Bestand voneinander abhängen. Wird eine wechselbezügliche Verfügung zu Lebzeiten beider Ehegatten widerrufen, ist gemäß § 2270 BGB Abs. 1 BGB auch die andere wechselbezügliche Verfügung unwirksam. Verstirbt einer der Ehegatten, verliert der Längerlebende seine Testierfreiheit, da er seine früheren wechselbezüglichen Verfügungen nach dem Tod des Erstversterbenden nicht mehr widerrufen oder abändern kann. Gleiches gilt bei einer Bindung durch einen Erbvertrag.

Gebundene Ehegatten oder gebundene Erblasser versuchen oftmals die vom Gesetzgeber angeordnete Bindungswirkung eines Ehegattentestaments dadurch zu unterlaufen, dass sie ihren späteren Nachlass oder Teile hiervon durch lebzeitige Schenkungen schmälern und dieses Vermögen nicht denjenigen Personen zuwenden, die in der Verfügung von Todes wegen benannt sind. Nach der Rechtsprechung müssen diese Zuwendungen beim Tod des Schenkers an dessen Erben entsprechend § 2287 BGB zurückgegeben werden, wenn der Erblasser für die Vornahme der Schenkung kein sogenanntes „lebzeitiges Eigeninteresse" hatte. Die Schenkung ist jedoch beispielsweise dann bestandsfest, wenn der Witwer oder die Witwe den Beschenkten für bisher erbrachte Pflege belohnen, einen Anreiz für zukünftige Pflege geben oder eine Altersversorgung sicherstellen wollte.

Beispiel zur sog. Bindung im Ehegattentestament

Herr Wagner, verwitwet, hatte mit seiner Ehefrau ein Ehegattentestament errichtet, in dem sie sich wechselseitig zu Alleinerben und nach dem Tode des Längerlebenden den gemeinsamen Sohn als Schlusserben eingesetzt haben. Mehrere Jahre nach dem Tod seiner Ehefrau ging Herr Wagner eine nichteheliche Lebensgemeinschaft mit Frau Lustig ein. Die Partnerschaft ohne Trauschein bestand über 15 Jahre bis zum Tod von Herrn Wagner. Zwölf Jahre vor seinem Ableben hatte er seiner Lebensgefährtin eine kleine Eigentumswohnung im Wert von 100.000 EUR geschenkt, ohne den Zweck der Schenkung näher zu regeln. Fünf Jahre vor seinem Ableben wendet er der Lebensgefährtin ein Aktiendepot im Wert von 40.000 EUR mit der Bestimmung zu, dass „hiermit die von L in der Vergangenheit erbrachte Pflegeleistung abgegolten und gleichzeitig ein Anreiz für zukünftige Versorgung und Pflege durch seine Lebensgefährtin geschaffen werden soll". Nach dem Ableben von Herrn Wagner verlangt dessen Sohn als testamentarischer Schlusserbe von der Lebensgefährtin Rückgabe sowohl der Eigentumswohnung, als auch des Aktiendepots. Zu Recht?

Herr Wagner war aufgrund des Ehegattentestamentes nach dem Tod seiner Ehefrau in seiner Verfügungsgewalt beschränkt. Da zum Zeitpunkt der Schenkung der Eigentumswohnung kein lebzeitiges Eigeninteresse des Erblassers für die Schenkung vorlag (zumindest nicht vertraglich dokumentiert wurde), muss die Lebensgefährtin die Wohnung an den Sohn entsprechend dem Rechtsgedanken des § 2287 BGB zurückgeben. Das Aktiendepot darf sie dagegen behalten, weil Herr Wagner hierfür nachvollziehbare Gründe bei der Schenkung dokumentiert hat.

Schenkungsverbot für den Vorerben

Wer ein Testament errichtet, kann sein Vermögen durch die Anordnung einer Vor- und Nacherbschaft (§ 2100 BGB) über zwei oder mehrere Generationen hinweg vererben. Hierzu bestimmt er, dass sein Vermögen zunächst einer Person zukommen soll (Vorerbe), legt aber gleichzeitig bereits fest, wer es nach dieser Person bekommen soll (Nacherbe). Vor- und Nacherbe sind Erben desselben Erblassers, allerdings zeitlich aufeinander folgend. Der Nacherbe kommt – regelmäßig – erst dann zum Zuge, wenn der Vorerbe ebenfalls verstorben ist.

Verfügungsbeschränkungen des Vorerben

Ein Vorerbe ist in seiner Verfügungsmöglichkeit über das ererbte Vermögen stark eingeschränkt ist, weil der Nachlass in seiner Substanz für den Nacherben zu erhalten ist. So darf der Vorerbe Grundstücke, Häuser und Eigentumswohnungen, die sich im Nachlass befinden, nur mit Zustimmung des Nacherben veräußern. Schenkungen aus dem der Nacherbschaft unterliegenden Nachlass sind ihm untersagt. Zum Schutz des Nacherben wird im Grundbuch ein „Nacherbenvermerk" eingetragen, mit der Folge, dass jeder Interessent von vorneherein abgeschreckt wird und auch das Grundbuchamt eine Schenkung nicht im Grundbuch vollzieht.

Schenkung und Minderjährigenschutz

Aus steuerlichen Gründen ist häufig die Übertragung von Immobilien auf Minderjährige beabsichtigt. Hierbei ist aber eine gewisse Vorsicht geboten, weil die persönliche, wirtschaftliche und berufliche Entwicklung nicht vorhersehbar ist.

Bei der Zuwendung an Minderjährige kommt es nach § 107 BGB darauf an, ob der Minderjährige lediglich einen rechtlichen Vorteil erlangt. Ist dies der Fall, können die Eltern oder der sorgeberechtigte Elternteil mit dem Kind als dessen gesetzlicher Vertreter den Vertrag schließen, und zwar unabhängig davon, ob es sich um eine Zuwendung an einen beschränkt geschäftsfähigen oder an einen geschäftsunfähigen Minderjährigen handelt. Zur Frage, wann ein Übergabevertrag für den Minderjährigen lediglich rechtlich vorteilhaft ist, gibt es eine umfassende Rechtsprechung. Als mit einem „rechtlichen Vorteil" noch vereinbar werden folgende Regelungen bei Grundstückszuwendungen angesehen:

- Wenn ein Grundstück bei der Übergabe mit öffentlichen Lasten und Abgaben (z. B. Anliegerbeiträgen, Grundsteuern) belastet ist.
- Wenn ein Grundstück bei der Übergabe mit Grundschulden oder Hypotheken belastet ist (der Minderjährige darf aber nicht persönlich für die Rückzahlung der Darlehensverbindlichkeit haften, die z. B. der Hypothek zugrunde liegt).
- Wenn bei der Übergabe ein Wohnungs- oder Nießbrauchsrecht vorbehalten wird.

Als rechtlich nachteilig werden folgende Regelungen im Rahmen einer Grundstückszuwendung angesehen:

- Übertragung eines vermieteten Grundstücks, weil der Minderjährige nach § 571 BGB in das Mietverhältnis eintritt.
- Der Erwerb eines Erbbaurechtes wegen der Verpflichtung zur Zahlung des Erbbauzinses.
- Der Erwerb einer Eigentumswohnung, wenn der Erwerb mit dem Eintritt in einen Verwaltervertrag verbunden ist und/oder die Gemeinschaftsordnung für die Wohnungseigentümer wesentlich mehr Pflichten enthält als das Wohnungseigentumsgesetz.
- Die Vereinbarung bestimmter vertraglicher Rückforderungsrechte.

Soweit wegen der vorgenannten Einschränkungen die Eltern und/oder der Minderjährige nicht selbst handeln können, muss ein Ergänzungspfleger bestellt werden. Der abzuschließende Vertrag bedarf dann zudem der familiengerichtlichen Genehmigung.

Schenkung und Sozialhilferegress

Zuwendungen im Rahmen einer vorweggenommenen Erbfolge beinhalten die latente Gefahr, dass der Schenker im Alters- oder Pflegefall hilfsbedürftig wird. Sozialhilfeträger müssen dann zur Deckung des dringenden Notbedarfs – etwa für Miet- und Pflegekosten – in Vorleistung treten und bitten danach Angehörige des Schenkers oder Zuwendungsempfänger zur Kasse.

Nachrangigkeit der Sozialhilfe

Rente und Pflegegeld reichen immer seltener zur Deckung der Heimkosten und des Pflegebedarfs aus. Das Sozialamt übernimmt dann zunächst den Fehlbetrag, wenn vom Bedürftigen die sofortige Geltendmachung eines Schenkungswiderrufs nicht verlangt werden kann. Zur Wiederherstellung des Grundsatzes des Nachrangs der Sozialhilfe kann der Sozialhilfeträger für bereits erbrachte und aktuell auflaufende Leistungen durch Verwaltungsakt Ansprüche des Hilfeempfängers gegen Dritte auf sich überleiten (§ 93 SGB XII).

Rückforderung wegen Verarmung des Schenkers

Durch Widerruf und Rückforderung der Schenkung nach § 528 Abs. 1 Satz 1 BGB soll der Übergeber wieder in die Lage versetzt werden, seinen angemessenen Unterhalt selbst zu bestreiten. Dieser Anspruch ist auf den Sozialhilfeträger überleitbar und erlischt jedenfalls dann nicht mit dem Tod des Schenkers, wenn er zuvor Sozialhilfe in Anspruch genommen hat. Dabei ist unbeachtlich, ob die Überleitungsanzeige vor oder erst nach dem Tode des Schenkers erlassen wird.

Umfang und Inhalt des Rückforderungsanspruchs

Eine Rückforderung der Schenkung ist gem. § 528 Abs. 1 Satz 1 BGB („soweit") auf die Deckung des Notbedarfs begrenzt. Zur Feststellung des Notbedarfs ist das gegenwärtige Aktivvermögen des Schenkers zu ermitteln. Ihm ist in der Regel die Verwertung seiner Vermögenssubstanz zuzumuten. Gesetzliche Unterhaltsansprüche des Schenkers (§§ 1603 ff. BGB) bleiben hingegen außer Betracht, da § 528 Abs. 1 den Schenker gerade dazu in die Lage versetzen soll, seinen Unterhalt möglichst selbst zu bestreiten.

Bei teilbaren Schenkungen – wie etwa Geld – ist nur der zur Behebung der Notlage erforderliche Anteil des Geschenks herauszugeben. Bei nicht teilbaren Objekten – z. B. einem Grundstück – geht der Anspruch nur dann auf vollständige Rückgabe, wenn der bereits entstandene Unterhaltsbedarf den Schenkungswert übersteigt. Die Rückgabe kann aber durch Zahlung einer Leibrente abgewendet werden (§ 528 Abs. 1 Satz 3 BGB). Liegt der Wert der Schenkung über dem Unterhaltsbedarf, ist vom Beschenkten nur Wertersatz in Geld (§ 818 Abs. 2 BGB) in Höhe der Bedürftigkeit zu leisten. Bei gemischten, unteilbaren Schenkungen ist der Rückforderungsanspruch nur Zug um Zug gegen Ersatz der Gegenleistung zu erfüllen, falls der unentgeltliche Anteil überwiegt.

Ist der entgeltliche Anteil größer, so kann nur Ersatz bis zur Höhe des Wertes des Schenkungsanteils verlangt werden.

Einwendungen des Beschenkten

Eine Schenkungsrückforderung ist gem. § 529 Abs. 1 BGB ausgeschlossen, wenn bei Eintritt der Bedürftigkeit mehr als zehn Jahre seit Eintritt des Leistungserfolgs vergangen sind. Bei Immobilienzuwendungen sollte deshalb der Notar für einen schnellen Grundbuchvollzug sorgen.

Der Beschenkte kann weiter gem. § 529 Abs. 2 BGB die Geschenkrückgabe verweigern, soweit er hierdurch selbst bedürftig werden würde.

Der Beschenkte kann sich im Übrigen nicht darauf berufen, dass das verschenkte Haus für den Bedürftigen sogenanntes Schonvermögen und demnach vom Schenker nicht einzusetzen gewesen wäre.

Mehrere gleichzeitig Beschenkte haften als Gesamtschuldner. Jeder Beschenkte haftet auf den vollen Notbedarf und nicht nur entsprechend seinem Anteil an dem Schenkungsgut. Der interne Ausgleich erfolgt nach § 426 BGB. Sind aber mehrere Schenkungen zeitlich nacheinander erfolgt, ist gemäß § 528 Abs. 2 BGB zunächst der zuletzt Beschenkte verpflichtet. Der früher Beschenkte haftet nur, soweit die Leistungspflicht des später Beschenkten den Notbedarf des Schenkers nicht abdeckt.

Weitere Erläuterungen zum Sozialhilferegress finden Sie auf der Seite 54.

Auf den Punkt gebracht

Die Schenkung einer Immobilie darf nie nur unter rein steuerlichen Gesichtspunkten betrachtet werden. Vor einer unentgeltlichen Übertragung müssen die zivilrechtlichen Rahmenbedingungen eingehend geprüft werden. Dies erfordert den Rat eines erfahrenen Erbrechtsexperten, der insbesondere Formfragen klärt, das Risiko einer späteren Rückabwicklung und Pflichtteilshaftung reduziert, den Schutz Minderjähriger berücksichtigt und den Regress des Sozialhilfeträgers bei Verarmung des Schenkers begrenzt.

Übertragung des Eigentums

Die tragende Säule einer vorweggenommenen Erbfolge ist die Übertragung des Eigentums an der Immobilie. Hierbei stehen verschiedene Möglichkeiten zur Verfügung:

- Übertragung von Alleineigentum oder Miteigentumsanteilen.
- Übertragung des Eigentums auf eine oder mehrere Personen.

Beispiel zur anteiligen Immobilienübertragung

Herr Müller, verwitwet, ist Eigentümer eines Einfamilienhauses mit einem Verkehrswert von 800.000 EUR. Würde er diese Immobilie nur seinem Sohn zu Alleineigentum übertragen, so würde auf den, nach Abzug des Erbschaftsteuerfreibetrages von 400.000 EUR verbleibenden Restbetrag eine Erbschaftsteuer von 15 %, d. h. 60.000 EUR fällig.

Die Tochter von Herrn Müller würde für diese einseitige Begünstigung des Sohnes kein Verständnis zeigen, mit der Folge, dass noch zu Lebzeiten von Herrn Müller Unfrieden zwischen den Geschwistern gestiftet wird. Nach dem Ableben von Herrn Müller könnte die Tochter einen Pflichtteilsergänzungsanspruch (§ 2325 BGB, vgl. dazu Seite 39) i. H. eines Viertels aus dem Wert der Schenkung von 800.000 EUR, also 200.000 EUR geltend machen.

Herr Müller wäre deshalb gut beraten, seinem Sohn und seiner Tochter jeweils Miteigentum i. H. v. 50 % zu übertragen. Hierdurch wäre der Familienfrieden sichergestellt.

Wie wichtig dies ist, zeigt sich gerade dann, wenn Herr Müller pflegebedürftig wird und dann auf die Unterstützung von beiden Kindern angewiesen ist.

Die Übertragung der Immobilie auf beide Kinder hat den angenehmen Nebeneffekt, dass jedes Kind seinen persönlichen Erbschaftsteuerfreibetrag von 400.000 EUR in Anspruch nehmen kann und damit der Fiskus leer ausgeht.

Die Schaffung von Miteigentum – wie im vorangegangenen Beispiel vorgeschlagen – kann aber bei der späteren Verwaltung und Nutzung der Immobilie zu Problemen führen: Nicht immer sind sich Miteigentümer einig, ob und mit welchem Kostenaufwand eine Immobilie renoviert werden soll. Auch die Frage, ob die übertragene Immobilie durch die Eigentümer selbst genutzt wird oder, ob das Objekt vermietet werden soll, kann zu Diskussionen führen. Eskalieren kann der Streit dann, wenn einer der Miteigentümer dringend finanzielle Mittel benötigt und er die Immobilie verkaufen will, der andere Miteigentümer zu einer Veräußerung aber nicht bereit ist. Dieser Dissens führt nicht selten dazu, dass einer der Miteigentümer die Teilungsversteigerung der Immobilie einleitet. Um diese Probleme, die oft erst Jahre nach der Immobilienschenkung auftreten, von vornherein zu vermeiden, kann es sich empfehlen, die Rechte und Pflichten der Miteigentümer, die Verwaltung, Nutzung und Verwertung der Immobilie durch einen sogenannten Grundstücksverwaltungsvertrag zu regeln. Die Miteigentümer können dabei eine Gesellschaft bürgerlichen Rechts gründen.

Der Vertrag zur Gründung einer grundstücksverwaltenden GbR bedarf grundsätzlich keiner notariellen Beurkundung, erfordert aber eine ausführliche Beratung durch einen Erbrechtsexperten.

Schenkung und Übereignung

Die lebzeitige unentgeltliche Übertragung von Immobilieneigentum erfordert drei Bausteine:

- Zunächst müssen Schenker und Beschenkter eine Schenkungsvereinbarung treffen, die aber isoliert noch nicht zum Eigentumsübergang führt.
- Für eine Übereignung müssen sich der frühere Eigentümer und der zukünftige Eigentümer bezüglich der Eigentumsübertragung einig sein. Der Gesetzgeber spricht hierbei von einer sogenannten „Auflassung" (vgl. § 925 BGB). In der Praxis werden die Schenkungsvereinbarung und die Auflassung in einer Urkunde zusammengefasst.
- Eigentümer wird der Beschenkte aber erst dann, wenn der Eigentumswechsel im Grundbuch eingetragen wird.

Da zwischen der Schenkungsvereinbarung und der Grundbucheintragung mehrere Monate liegen können, sollte im Schenkungsvertrag geregelt werden, ab welchem Zeitpunkt der Besitz sowie die Nutzungen und Lasten auf den Beschenkten übergehen und wer in der Zwischenzeit das Risiko eines zufälligen Untergangs des Schenkungsgegenstandes trägt. Im Regelfall wird als maßgeblicher Stichtag die Beurkundung des Schenkungsvertrages festgelegt.

Grundstücksteilung

Möchte der Schenker nur einen Teil seines Grundstücks übertragen und die restliche Grundstücksfläche für eigene Zwecke (z. B. Errichtung eines Gebäudes) nutzen, so besteht die Möglichkeit, dass Grundstück teilen zu lassen. Der genaue Verlauf sowie Grenzen der neuen Flurstücke muss durch ein Vermessungsbüro ermittelt werden. Im Regelfall ist hierzu auch eine Genehmigung der zuständigen Baubehörde erforderlich, die nur erteilt wird, wenn etwaige Leitungs- und Wegerechte berücksichtigt wurden. Die Teilung selbst erfolgt dann durch eine notariell beglaubigte Erklärung, die beim Grundbuchamt eingereicht wird.

Umwandlung in Wohnungseigentum

Handelt es sich bei dem Schenkungsgegenstand um ein größeres Gebäude (z. B. um ein Mietshaus) kann es sich empfehlen, dieses Objekt nach dem Wohnungseigentumsgesetz (WEG) in verschiedene Wohnungseigentumseinheiten umzuwandeln. Dies hat den großen Vorteil, dass der Schenker verschiedenen Personen rechtlich isoliertes Wohnungseigentum übertragen kann. Dadurch wird die Entstehung von Miteigentum mit den Problemen der gemeinsamen Nutzung, Verwaltung und Verwertung vermieden. Für die Umwandlung von Eigentum in Wohnungseigentum ist eine notarielle Teilungserklärung in der Sonder- und Gemeinschaftseigentum festgelegt werden, erforderlich. Das Wohnungseigentum entsteht erst mit Eintragung der neubegründeten Wohnungseinheiten im Grundbuch.

Die Umwandlung in Wohnungseigentum hat aber auch gewisse Nachteile: Das Wohnungseigentumsgesetz verlangt die Bestellung eines Verwalters und die Durchführung förmlicher Eigentümerversammlungen. Größere Eigentümergemeinschaften sind bezüglich der Verwaltung und Nutzung des Gemeinschaftseigentums konfliktträchtig. Immer wieder werden Meinungsverschiedenheiten unter Wohnungseigentümer auch gerichtlich ausgetragen.

Bevor ein Grundstück parzelliert oder eine Immobilie in Wohnungseigentum umgewandelt wird, sollten die Beteiligten die Kosten für die Vermessung, Einholung von Genehmigungen und für die Beglaubigung bzw. Beurkundung der Erklärungen erfragen.

Der Vorteil einer Übertragung von aufgeteilten Immobilien oder Grundstücksflächen an mehrere Beschenkte muss mit dem Nachteil einer oft komplizierteren Verwaltung sorgfältig gegeneinander abgewogen werden. Hierbei sollte auch berücksichtigt werden, dass ohne eine Teilung und ohne Schenkung die Immobilie im Vermögen des Schenkers bleibt und mit dessen Ableben in seinen Nachlass fällt. Die Nutzung und Verwaltung einer Nachlassimmobilie durch eine Erbengemeinschaft ist im Regelfall vielfach schwieriger und streitanfälliger als eine lebzeitige Schaffung von Miteigentum oder Wohnungseigentum bei welcher der Schenker dem Beschenkten klare vertragliche Vereinbarungen mit auf den Weg geben kann.

In vielen Fällen hätte eine Teilungsversteigerung der Nachlassimmobilie auf Betreiben eines oder mehrerer Miterben durch eine lebzeitige vorausschauende Übertragung vermieden werden könne. Die Kosten für eine fachliche Beratung, Beurkundung und Grundbuchumschreibung liegen bei weitem unter denen eines Erbprozesses und dem Wertverlust, der durch eine Teilungsversteigerung eintreten kann.

Übergang von Mietverhältnissen

Sofern die Immobilie fremdvermietet ist, muss beachtet werden, dass der Beschenkte kraft Gesetzes in die Rechte und Pflichten eines Mietvertrages als Rechtsnachfolger des Schenkers eintritt. Möchte der Beschenkte die Immobilie selbst nutzen, muss er – wie jeder andere Vermieter auch – das Mietverhältnis zum nächstmöglichen Termin kündigen und dabei die Kündigung mit Eigenbedarf rechtfertigen.

Da Mieter im deutschen Recht einen besonderen Kündigungsschutz genießen, kann es sich zur Vermeidung langwieriger Prozesse empfehlen, bereits vor der Übertragung der Immobilie mit dem Mieter einen Mietaufhebungsvertrag – oft gegen Zahlung einer finanziellen Entschädigung – auszuhandeln. Enden sollte das Mietverhältnis dann jedoch nach Vollzug der Schenkung, da vermietete Wohnungen steuerlich privilegiert sind.

Steuerliche Bewertung von Immobilien

Erbschaft- und Schenkungsteuern sind durch eine Geldleistung zu erfüllen. Damit die geschuldete Geldleistung berechnet werden kann, müssen die für die Besteuerung relevanten Gegenstände in Geldwerten ausgedrückt werden. Einfach ist dies bei Bargeld, da der Bargeldbetrag dem Geldwert entspricht. Bargeld ist damit nicht ausdrücklich zu bewerten. Einer Bewertung bedürfen jedoch bereits Aktien und sonstige Wertpapiere, da deren Wert stichtagsbezogen ermittelt werden muss. Vor allem aber ist eine Bewertung bei sogenannten Sachwerten, wie insbesondere Immobilien erforderlich.

Die Bewertung der Nachlassgegenstände ist nicht im Erbschaftsteuergesetz selbst geregelt. Vielmehr verweist dieses in § 12 ErbStG auf das Bewertungsgesetz (BewG). Das Bewertungsgesetz selbst enthält einen sogenannten Allgemeinen Teil, in dem geregelt ist, welche Gegenstände der Bewertung unterliegen und welche allgemeinen Regeln für die Bewertung gelten. So regelt beispielsweise § 9 BewG, dass für die Bewertung, soweit nichts anderes vorgeschrieben ist, der gemeine Wert zugrunde zu legen ist. Letzterer entspricht im Grundsatz dem Preis, der im gewöhnlichen Geschäftsverkehr bei einer Veräußerung der Sache zu erzielen wäre. Neben dem Allgemeinen Teil finden sich im Bewertungsgesetz besondere Bewertungsvorschriften.

Grundvermögen wird seit der Erbschaftsteuerreform im Jahre 2009 mit dem Verkehrswert bewertet. Zur Bestimmung des Verkehrswerts regeln die §§ 176 ff. BewG für unbebaute und bebaute Grundstücke die Art und Weise der Bewertung.

Aus dem Bewertungsgesetz ergibt sich für jede Immobilie eine ganz bestimmte Berechnung. Kann der Erwerber (Erbe oder Beschenkter) jedoch nachweisen, dass der tatsächliche Wert einer Immobilie geringer ist, als der nach den steuerlichen Bewertungsmethoden ermittelte Wert, ist gemäß § 198 BewG der geringere Wert maßgeblich. Aus diesem Grund rentiert es sich oft, einen Sachverständigen zu beauftragen. Dies insbesondere seit den zum 1.1.2023 in Kraft getretenen Änderungen des BewG, da diese häufig zu Werten führen, die über den Werten liegen, die im Rahmen eines Gutachtens ermittelt werden. Gelangt ein Gutachten zu einem geringeren Wert als das BewG, ist der geringere Wert der Besteuerung zugrunde zu legen. Das ist vor allem in Regionen mit Bevölkerungsrückgang und deutlich sinkenden Immobilienpreisen häufig der Fall.

Unbebaute Grundstücke

Unbebaute Grundstücke sind solche, auf denen sich keine benutzbaren Gebäude befinden. Hierbei beginnt die Benutzbarkeit der Gebäude mit dem Zeitpunkt der Bezugsfertigkeit. Befinden sich auf einem Grundstück zwar Gebäude, können diese jedoch keiner Nutzung zugeführt werden, gilt das Grundstück ebenfalls als unbebaut. Der Wert unbebauter

Grundstücke bestimmt sich grundsätzlich nach ihrer Fläche und dem Bodenrichtwert. Der Bodenrichtwert wird von den örtlich zuständigen Gutachterausschüssen ermittelt und dem Finanzamt sowie auf Nachfrage jedem Bürger mitgeteilt.

Grundstück im Zustand der Bebauung

Ein Grundstück im Zustand der Bebauung liegt vor, wenn mit den Bauarbeiten zwar begonnen wurde, dass zu errichtende Gebäude jedoch noch nicht bezugsfertig ist. Die Bewertung derartiger Grundstücke geschieht durch die Addition des Wertes des unbebauten Grundstücks und des Wertes des Gebäudes. Letzterer bestimmt sich nach den zum Bewertungsstichtag bereits entstandenen Herstellungskosten.

Bebaute Grundstücke

Ein Grundstück gilt als bebaut, wenn sich auf ihm ein nutzbares Gebäude befindet. Liegen nur nicht selbstständig nutzbare Gebäudeteile oder Ruinen vor, gilt das Grundstück als nicht bebaut. Die Bewertung bebauter Grundstücke erfolgt nach einem vom Gesetz festgelegten Bewertungsverfahren. Hierfür regelt das Bewertungsgesetz in den §§ 183 ff. BewG das Vergleichswertverfahren, das Ertragswertverfahren und das Sachwertverfahren. Für eine Bewertung ist immer als Erstes zu prüfen, welches Verfahren auf welche Art von Immobilien anzuwenden ist.

Vergleichswertverfahren

Nach dem Vergleichswertverfahren werden folgende Immobilien bewertet:

- Wohnungseigentum
- Teileigentum
- Einfamilienhäuser und Zweifamilienhäuser

Beim Vergleichswertverfahren wird der gemeine Wert des Grundstücks vorrangig aus den, von den Gutachterausschüssen mitgeteilten Vergleichspreisen abgeleitet.

Beispiel zum Vergleichsverfahren

Ein Großvater schenkt seiner Enkelin eine Eigentumswohnung in einer aus mehr als 100 Einheiten bestehenden Wohnanlage. Innerhalb der Anlage sind in den letzten zwei Jahren fünf gleichwertige Wohnungen mit gleicher Größe, gleichem Schnitt, gleicher Ausrichtung und vergleichbarem Stockwerk zu jeweils 160.000 EUR veräußert worden. In einem solchen Fall kann dieser Vergleichswert der Bewertung zugrunde gelegt werden.

In größeren Städten, beispielsweise in München, werden von den Gutachterausschüssen auch allgemeine Vergleichswerte für Eigentumswohnungen veröffentlicht. Verglichen werden Wohnungen in bestimmten Lagen unter Berücksichtigung des jeweiligen Baujahrs und der jeweiligen Größe. Derartige Vergleichswerte sind dann für die Bewertung von Eigentumswohnungen maßgeblich.

Voraussetzung für die Ermittlung eines Vergleichswertes ist, dass es sich um weitgehend gleichartige Gebäude (gleiche Lage, Nutzung, Größe, Ausstattung, Zuschnitt und sonstige Beschaffenheit der zu vergleichenden Grundstücke) handelt. Bei Ein- und Zweifamilienhäusern ist dies eher selten. Hingegen sind Eigentumswohnungen leichter vergleichbar. Insbesondere bei der Bewertung von Eigentumswohnungen in größeren Städten oder Gemeinden ist stets zu prüfen, ob die dortigen Gutachterausschüsse sogenannte Vergleichswerte veröffentlichen. Diese sind dann vorrangig der Bewertung von Eigentumswohnungen zugrunde zu legen.

Ertragswertverfahren

Nach dem Ertragswertverfahren werden folgende Immobilien bewertet:

- Mietwohngrundstücke
- Geschäfts- und gemischt genutzte Grundstücke, für die sich auf dem Grundstücksmarkt eine übliche Miete feststellen lässt

Das Ertragswertverfahren stellt auf die Erträge der Immobilie ab. Hierfür wird der Wert der Immobilie aus einer Multiplikation des jährlichen Ertrages der Immobilie mit einem vorgegebenen Faktor ermittelt. Bei der Anwendung des Ertragswertverfahrens ist der Wert der Gebäude (Gebäudeertragswert) getrennt von dem Bodenwert zu ermitteln.

Beispiel zum Ertragswertverfahren

Der Erblasser hinterlässt ein Mehrfamilienhaus in Pullach bei München. Das Haus steht auf einem 600 qm großen Grundstück. Der Bodenrichtwert liegt bei 1.500 EUR. Der reine Bodenwert beträgt damit 900.000 EUR. Der Gebäudewert ermittelt sich aus dem sogenannten Rohertrag des Gebäudes, somit der jährlichen Nettomiete. Dieser Betrag ist um Bewirtschaftungskosten zu reduzieren. Der sich danach ergebende Reinertrag ist entsprechend den Vorgaben des Bewertungsgesetzes und der Anlagen zum Bewertungsgesetz mit einem bestimmten Faktor zu multiplizieren. Maßgeblich für den Multiplikationsfaktor ist das Alter des Gebäudes sowie der sogenannte Liegenschaftszinssatz. Der vollständige Ertragswert errechnet sich aus der Addition des Bodenwertes und des Gebäudewertes. Errechnet sich BeispielsErrechnet sich vorliegend beispielsweise ein Gebäudeertragswert von 400.000 EUR ergibt sich ein Gesamtwert der Immobilie von 1.300.000 EUR.

Sachwertverfahren

Nach dem Sachwertverfahren werden folgende Immobilien bewertet:

- Grundstücke, die grundsätzlich nach dem Vergleichswertverfahren bewertet werden, für die jedoch keine Vergleichswerte vorliegen.
- Geschäfts- und gemischt genutzte Grundstücke, für die sich auf dem Grundstücksmarkt keine übliche Miete feststellen lässt.
- Sonstige bebaute Grundstücke, somit solche, die nicht explizit bei einer der Bewertungsmethoden aufgeführt sind.

Dieses Verfahren stellt auf die Errichtungskosten der Immobilie ab. Diese werden als sogenannte Regelherstellungskosten ausgewiesen. Der Wert des Gebäudes errechnet sich aus den Regelherstellungskosten und dem Alter der Immobilie. Seit dem 1.1.2023 sind die Regelherstellungskosten nicht mehr ausschließlich einer Anlage zum Bewertungsgesetz zu entnehmen. Vielmehr sind die durchschnittlichen Herstellungskosten eines Gebäudes, welcher einer Anlage zum Bewertungsgesetz zu entnehmen sind, mit einem vom statistischen Bundesamt veröffentlichten Baupreisindex zu multiplizieren. Zudem erfolgt eine Anpassung an die regionalen Baukosten durch sogenannte Regionalfaktoren, welche von den Gutachterausschüssen zu ermitteln sind. Auch beim Sachwertverfahren wird der Wert des Bodens getrennt vom Wert des Gebäudes ermittelt. Der Gesamtwert der Immobilie ergibt sich auch hier auch einer Addition des Bodenwertes und des Gebäudesachwert.

Gerade in bevölkerungsstarken oder wirtschaftlich starken Gebieten liegen die nach den steuerlichen Bewertungsmethoden ermittelten Werte von Immobilien häufig unter den tatsächlich am Markt erzielbaren Preisen. Aus diesem Grunde kann in diesen Gebieten die Übertragung von Immobilienvermögen statt entsprechenden Bar- oder Kontoguthaben noch zu einer Reduzierung der Erbschaft- und Schenkungsteuer beitragen. Führen hingegen die steuerlichen Bewertungen zu einem Wert, der über dem tatsächlich am Markt zu erzielenden Preis liegt, kann durch ein Gutachten dieser geringere Wert der Immobilie nachgewiesen und der Besteuerung zugrunde gelegt werden.

Steuerbegünstigte Übertragung von Immobilien

Nicht nur bei vielen Erbfällen sind es Immobilien, die den Großteil des Wertes der Erbschaft begründen. Auch im Rahmen einer vorweggenommenen Erbfolge spielt das selbst genutzte Eigenheim oder die vermietete Eigentumswohnung eine große Rolle.

Zu Wohnzwecken vermietete Immobilie

Zu Wohnzwecken vermietete Grundstücke werden nicht mit ihrem vollen Steuerwert besteuert, sondern gemäß § 13c ErbStG nur mit 90 % ihres Wertes. Voraussetzung ist lediglich, dass sie im Inland, einem Mitgliedstaat der Europäischen Union oder in einem Staat des Europäischen Wirtschaftsraums gelegen sind und nicht zu einem steuerbegünstigten Betriebsvermögen eines Unternehmens oder eines Betriebes der Land- und Forstwirtschaft gehören. Liegen die dargelegten Voraussetzungen vor, bleiben im Ergebnis 10 % des Immobilienwertes steuerfrei.

Übertragung des Familienheims

Gemäß § 13 Abs. 1 Nr. 4a ErbStG kann ein Ehepartner dem anderen, unabhängig vom ehelichen Güterstand, zu Lebzeiten sein „Familienheim" steuerfrei zuwenden. Hierfür muss nicht die gesamte Immobilie übertragen werden. Auch die Übertragung von Anteilen, etwa zur Begründung eines gleichberechtigten Miteigentums beider Ehegatten, ist steuerfrei möglich. Voraussetzung ist jedoch, dass das Haus oder die Wohnung den Mittelpunkt des familiären Lebens zu eigenen Wohnzwecken darstellt und sich in einem Mitgliedstaat der Europäischen Union oder in einem Staat des Europäischen Wirtschaftsraums befindet. Ferien- und Wochenendhäuser können dagegen nicht steuerfrei übertragen werden.

Der Wert des Familienheimes sowie seine Größe sind völlig unerheblich. Da es keine Behaltensfrist gibt und die Steuerbefreiung nicht durch eine ein- oder mehrmalige Übertragung eines Familienheims verbraucht wird, kann dieser steuerliche Vorteil sogar mehrfach genutzt werden.

Beispiel zur steuerfreien Immobilienübertragung unter Ehegatten

Ein 64-jährige Berliner Unternehmer ist nicht nur Inhaber eines Unternehmens im Wert von mehreren Millionen EUR, sondern auch Eigentümer diverser Immobilien. Seine Ehefrau hat hingegen lediglich zwei Eigentumswohnungen. Um einen gewissen Ausgleich der Vermögensverhältnisse zu schaffen, überträgt der Unternehmer das ihm gehörende Familienhaus, in welchem er und seine Ehefrau leben, an seine Ehefrau. Der Wert der Immobilie beträgt circa 900.000 EUR.

Zwei Jahre später veräußert der Unternehmer sein Unternehmen und zieht mit seiner Ehefrau nach Süddeutschland. Dort erwirbt er ein bebautes Seegrundstück im Wert von 3.500.000 EUR. Kurz nach Bezug der Immobilie durch ihn und seine Ehefrau überträgt er auch diese Immobilie an seine Ehefrau.

Beide Übertragungen sind gemäß § 13 Abs. 1 Nr. 4a ErbStG steuerbefreit. Es bedurfte keiner Einhaltung von Behaltensfristen. Auch war die Steuerbefreiung nicht durch die Übertragung des ersten „Familienheims" verbraucht.

Die Steuerbefreiung des § 13 Abs. 1 Nr. 4a ErbStG kann vielmehr mehrfach in Anspruch genommen werden.

Die Steuerbefreiung der Übertragung einer zu Wohnzwecken genutzten Immobilie unter Lebenden an den Ehegatten gemäß § 13 Abs. 1 Nr. 4a ErbStG ist nicht zu verwechseln mit der steuerlich privilegierten Übertragung der selbstgenutzten Immobilie im Todesfall gemäß § 13 Abs. 1 Nr. 4b und Nr. 4c ErbStG.

Denkmalgeschützte Immobilien

Gerade die Übertragung denkmalgeschützter Immobilien kann erbschaft- und schenkungsteuerlich sehr interessant sein. So können Denkmäler völlig steuerfrei übertragen werden, wenn bestimmte Voraussetzungen vorliegen.

Übernahme von Finanzierungsverbindlichkeiten

Hat der Schenker den Kauf der Immobilie durch einen Bankkredit finanziert und ist dieser Kredit zum Zeitpunkt der Schenkung noch nicht vollständig getilgt, muss im Übergabevertrag geregelt werden, wer zukünftig die Tilgungs- und Zinslast tragen soll. Hierbei müssen auch einkommensteuerliche Auswirkungen mit einem erfahrenen steuerlichen Berater vorab geklärt werden. Für die Übernahme des Kredits durch den Beschenkten ist die Zustimmung des Darlehensgebers erforderlich. Abhängig von der Bonität des Beschenkten wird diese Zustimmung im Regelfall erteilt, da das Darlehen grundsätzlich durch eine Grundschuld abgesichert ist und der Beschenkte als neuer Eigentümer diese Grundschuld automatisch übernimmt. Durch die Schenkung vergrößert sich also das Risiko für den Kreditgeber regelmäßig nicht. Sollte sich die Bank weigern, der Kreditübernahme zuzustimmen, kann sich der Beschenkte im Innenverhältnis verpflichten, den Schenker von den Tilgungs- und Zinszahlungen freizustellen.

Belastungsvollmacht für den Übergeber

Wenn der Übergeber – wie vor der Übergabe – den Nutzen hat und alle Belastungen trägt, stellt sich die Frage, ob ihm die Möglichkeit gegeben werden soll, das übertragene Grundstück zu belasten, um zum Beispiel notwendige Reparaturkosten finanzieren zu können. Da der Übernehmer Eigentümer des Grundstücks wird, müsste dieser der Eintragung einer Grundschuld oder Hypothek zustimmen. Ob dies geschieht, kann nicht immer mit Sicherheit vorhergesagt werden.

Möglich ist eine vertragliche Verpflichtung des Übernehmers zur Bestellung von Grundpfandrechten. Wenn sich aber der Übernehmer weigert, müsste er auf die Bestellung von Grundpfandrechten verklagt werden. Eleganter ist deshalb die Erteilung einer unwiderruflichen Belastungsvollmacht. Diese sollte nach außen, also gegenüber den Banken, Gerichten und Behörden, unbeschränkt sein. Im Innenverhältnis, also zwischen Übergeber und Übernehmer, könnten die Finanzierungszwecke bestimmt werden (z. B. zur Finanzierung von Reparatur- und Instandhaltungsmaßnahmen). Auch sollte eine höhenmäßige Begrenzung erfolgen. Eine entsprechende Vollmacht könnte wie folgt lauten:

Mustertext „Belastungsvollmacht“:

Der Erwerber gestattet dem Veräußerer, den Grundbesitz auch nach der Eigentumsumschreibung mit Grundpfandrechten zu belasten, die Verbindlichkeiten des Veräußerers absichern. Zu diesem Zweck erteilt der Erwerber dem Veräußerer die nachstehende Belastungsvollmacht:

1. *Der Erwerber bevollmächtigt den Veräußerer unwiderruflich, über den Tod hinaus, unter Befreiung von den Beschränkungen des § 181 BGB und mit dem Recht zur Erteilung von Untervollmacht, den Grundbesitz mit Grundpfandrechten bis zur Höhe von insgesamt € … nebst Zinsen bis zur Höhe von 20 % p. a. ab dem Tag der Beurkundung des betreffenden Grundpfandrechts und einmaligen Nebenleistungen bis zur Höhe von 10 % zu belasten, den jeweiligen Grundstückseigentümer*

dinglich der sofortigen Zwangsvollstreckung zu unterwerfen und alle sonstigen, damit zusammenhängenden Erklärungen abzugeben.

2. *Die Vollmacht umfasst bei Grundschulden auch die Vereinbarung einer beliebigen Sicherungsabrede mit dem Grundpfandrechtsgläubiger. Eine persönliche Haftung des Erwerbers gegenüber Grundpfandrechtsgläubigern kann nicht begründet werden.*
3. *Die Voraussetzungen für das Vorliegen der Vollmacht sind dem Grundbuchamt nicht nachzuweisen.*

Gleichstellungsgelder für Geschwister

Häufig ist es das Bestreben der Eltern oder eines Elternteils, die Kinder schon mit der Übertragung eines Grundstücks gleichzustellen. Dies kann dadurch geschehen, dass sich der Grundstücksempfänger verpflichtet, an seine Geschwister ein Gleichstellungsgeld zu zahlen. So werden alle Geschwister wertmäßig gleichgestellt. Eventuell wäre auch daran zu denken, dieses Gleichstellungsgeld für eine gewisse Zeit verzinst oder unverzinst zu stunden.

Die Zahlungsverpflichtung kann als echter Vertrag zugunsten Dritter gestaltet werden. Dies bedeutet, dass die Geschwister direkt einen Zahlungsanspruch gegen den Grundstücksempfänger haben.

Schenkungsteuerlich handelt es sich bei dem Gleichstellungsgeld um eine Zuwendung der Eltern an die anderen Kinder. Die Kinder haben also jeweils den vollen Freibetrag von 400.000 EUR und nicht den Freibetrag unter Geschwistern i. H. v. 20.000 EUR. Einkommensteuerlich muss beachtet werden, dass die Gleichstellungsgelder als Veräußerungsentgelte gewertet werden, bei Vorliegen der weiteren Voraussetzungen also Spekulationsteuer anfallen kann.

Den Übergabevertrag mit Vereinbarung von Gleichstellungsgeldern können die Übergeber und der Grundstücksempfänger schließen; eine Mitwirkung der Geschwister, die das Gleichstellungsgeld erhalten sollen, ist nicht erforderlich. Gleichwohl empfiehlt sich ihre Beteiligung, um z. B. einen

Pflichtteilsverzicht nach dem erstversterbenden Elternteil zu erklären.

Auf den Punkt gebracht

Bei der Gestaltung von Übergabeverträgen müssen die Formalien des Eigentumserwerbs und der Übergang von bestehenden Mietverhältnissen geklärt werden. Vor der Schenkung kann die Umwandlung des Alleineigentums in Mit- oder Wohnungseigentum ratsam sein. Zu regeln ist weiter die Übernahme von bestehenden und die Aufnahme neuer Verbindlichkeiten sowie die Zahlung von Gleichstellungsgeldern durch den Beschenkten.

Absicherung des Schenkers

Bei der Übertragung von Immobilien werden regelmäßig Vorbehalte des Schenkers und Gegenleistungen des Beschenkten vereinbart, die der Existenzsicherung des Schenkers für den Alters- und Pflegefall dienen sollen.

Checkliste „Absicherung des Schenkers":

- *Vorbehalt eines Nießbrauchs (siehe dazu Seite 80)*
- *Rentenwahlrecht (siehe dazu Seite 89)*
- *Einräumung eines Wohnungsrechts (siehe dazu Seite 96)*
- *Pflegeverpflichtung des Übernehmers (siehe dazu Seite 104)*
- *Leibrente und dauernde Last (siehe dazu Seite 109)*
- *Altenteil und Leibgeding (siehe dazu Seite 113)*

Bevor derartige Regelungen in den Übergabevertrag aufgenommen werden, sind wichtige Vorfragen zu klären:

- Welchen Umfang sollen diese Rechte haben?
- Soll eine Absicherung dieser Regelungen im Grundbuch erfolgen?
- Welche steuerlichen Auswirkungen haben diese Regelung für den Schenker und für den Beschenkten?
- Welche pflichtteilsrechtlichen Folgen ergeben sich für den Erben des Schenkers und den Beschenkten selbst?
- In welchem Umfang droht dem Beschenkten ein Sozialhilferegress bei Verarmung des Schenkers?

Der Nießbrauch

Die Übertragung eines bebauten Grundstücks von den Eltern auf die Kinder unter Nießbrauchsvorbehalt ist der Standardfall der lebzeitigen Vermögensübertragung. Der Nießbrauch gibt dem Schenker bzw. dem Nießbraucher das Recht, sämtliche Nutzungen des belasteten Grundstücks zu ziehen, insbesondere die Mieten einzunehmen oder auch die Immobilie selber zu bewohnen.

Entstehung des Nießbrauchs

Für die Entstehung des Nießbrauchs ist neben der Einigung zwischen den Beteiligten eine Eintragung im Grundbuch erforderlich. Hierfür muss die Nießbrauchsbestellung in notarieller Form erfolgen.

Der Beschenkte wird mit Eintragung im Grundbuch „formeller" Eigentümer; der Schenker bleibt dagegen für die Dauer des Nießbrauchs „wirtschaftlicher" Eigentümer des Grundbesitzes. Zu beachten ist aber, dass der Schenker gegenüber seiner früheren Stellung als Eigentümer nur eine eingeschränkte Rechtsstellung innehat: Als Nießbraucher kann er das übertragene Grundstück weder veräußern noch belasten, es sei denn, der Beschenkte erteilt hierzu seine Zustimmung. In der Praxis wird diese Zustimmung nur dann zu erlangen sein, wenn der Verkaufserlös zwischen Erwerber und Nießbraucher aufgeteilt wird.

Die §§ 1036, 1037 BGB legen weitere Beschränkungen des Nießbrauchers fest: Der Nießbraucher muss die bisherige wirtschaftliche Bestimmung des Grundstücks aufrechterhalten. Zur Umgestaltung oder wesentlichen Veränderung des Grundstücks ist er nur mit Zustimmung des Eigentümers berechtigt. So ist es dem Nießbraucher zum Beispiel untersagt, eine große Wohnung in drei kleinere umzubauen.

Eine weitere Besonderheit des Nießbrauchs gegenüber der früheren Eigentümerstellung ergibt sich daraus, dass das Nießbrauchsrecht zwingend weder vererblich (§ 1061 Satz 1 BGB) noch übertragbar (§ 1059 Satz 1 BGB) ist. Lediglich die Ausübung des Nießbrauchsrechts kann einer dritten Person überlassen werden (§ 1059 Satz 2 BGB).

Steuerliche Aspekte des Nießbrauchs

Wenn sich der Übergeber den Nießbrauch vorbehält und aufgrund einer vertraglichen Regelung alle Lasten des Grundstücks so trägt, als ob er noch Eigentümer wäre, dann ist der Übergeber für das Finanzamt sogenannter „wirtschaftlicher“ Eigentümer. Er hat die Einnahmen zu versteuern und kann alle Ausgaben als Werbungskosten absetzen. Ihm steht auch die Gebäude-AfA zu. Solange der Nießbrauch besteht, sind die Kinder letztlich nur „Papiereigentümer“ und so ist es in der Regel auch gewollt.

Nutzungsrechte wie ein Nießbrauch oder auch nur ein Wohnrecht erhalten dem Übergeber nicht nur die Nutzung der Sache. Sie führen auch zu einer Reduzierung der Steuer, da der Wert des vorbehaltenen Nutzungsrechtes von dem Wert der Immobilie abgezogen wird und nur der verbleibende Betrag der Besteuerung zugrunde gelegt wird.

Beispielsrechnung einer Berücksichtigung des Nießbrauchs

Der Vater verschenkt eine Immobilie im Wert von 600.000 EUR an seinen Sohn, behält sich jedoch den lebenslangen Nießbrauch an der Immobilie vor. Der Sohn hat dann nicht den vollen Wert der Immobilie i. H. v. 600.000 EUR zu versteuern, sondern nur den Betrag, der sich nach Abzug des Nießbrauchswertes vom Wert der Immobilie ergibt. Hat der Nießbrauch unter Berücksichtigung der statistischen Lebenserwartung des Vaters einen Wert von 200.000 EUR, hat der Sohn lediglich den verbleibenden Wert der Schenkung i. H. v. 400.000 EUR der Besteuerung zugrunde zu legen. Da dieser Wert seinem Freibetrag entspricht, fällt keine Steuer an.

Der Wert eines lebenslangen Nießbrauchs bemisst sich nach dem jährlichen Wert der Nutzung einerseits und der statistischen Lebenserwartung des Schenkers andererseits.

Der sogenannte Kapitalwert eines lebenslangen Nießbrauchs ergibt sich aus einer Tabelle, die gemäß § 14 Abs. 1 BewG vom Bundesministerium für Finanzen erstellt und im Bundessteuerblatt veröffentlicht wird.

Auszug aus der Tabelle über den Kapitalwert einer lebenslangen Nutzung und Leistung ab dem 1.1.2023

	Männer		Frauen	
Lebensalter	Lebenserwartung	Kapitalwert	Lebenserwartung	Kapitalwert
0	78,54	18,403	83,38	18,467
5	73,84	18,323	78,66	18,405
10	68,87	18,214	73,68	18,320
15	63,90	18,071	68,71	18,210
20	58,99	17,888	63,76	18,067
25	54,10	17,650	58,81	17,880
30	49,22	17,342	53,87	17,638
35	44,37	16,945	48,95	17,323
40	39,57	16,436	44,07	16,917
45	34,85	15,791	39,24	16,396
50	30,25	14,983	34,49	15,734
55	25,82	13,993	29,85	14,903
60	21,66	12,824	25,37	13,879
65	17,83	11,490	21,09	12,642
70	14,33	10,008	17,01	11,167
75	11,07	8,354	13,17	9,452

	Männer		Frauen	
Lebens-alter	Lebens-erwartung	Kapital-wert	Lebens-erwartung	Kapital-wert
80	8,09	6,567	9,61	7,514
85	5,54	4,795	6,54	5,519
90	3,67	3,333	4,28	3,826
95	2,50	2,340	2,84	2,635
100	1,82	1,735	2,03	1,924

Die vorangehende Tabelle über den Kapitalwert einer lebenslangen Nutzung und Leistung für Bewertungsstichtage ab dem 1.1.2023 verdeutlicht, dass gerade bei Schenkungen von Personen „mittleren Lebensalters" der Vorbehalt eines Nießbrauchs erheblich Steuern sparen kann. Die Faktoren, mit denen der Wert der jährlichen Nutzung multipliziert wird, sind nämlich häufig so hoch, dass mehr als die Hälfte des Werts einer Sache wegen des vorbehaltenen Nießbrauchs vom Wert der Schenkung abgezogen wird.

Grundsätzlich ist der Jahreswert der Nutzung mit dem Kapitalwert des lebenslangen Nießbrauchs entsprechend der vorangehend dargestellten Tabelle zu multiplizieren. Da dies jedoch dazu führen kann, dass die unter Vorbehalt eines Nießbrauchs verschenkte Immobilie keinen Wert mehr hat, sieht das Gesetz eine Begrenzung vor. So bestimmt

§ 16 BewG, dass der Jahreswert einer Nutzung höchstens den Betrag betragen darf, der sich ergibt, wenn der für das gesamte Wirtschaftsgut anzusetzende Wert durch 18,6 geteilt wird.

Steuerliche Begrenzung des Nießbrauchs

Der 60-jährige Vater überträgt seiner Tochter ein Mehrfamilienhaus. Der Grundbesitzwert beträgt 1.200.000 EUR, die Nettoeinnahmen monatlich 10.000 EUR, somit jährlich 120.000 EUR. Der Nießbrauch errechnet sich wie folgt:

Die Immobilie ist 1.200.000 EUR wert. Der gemäß § 16 BewG begrenzte Jahreswert der Nutzung beträgt damit 64.516 EUR. Anzusetzen ist somit nicht der tatsächliche Wert der Nutzung i. H. v. 120.000 EUR, sondern der begrenzte Wert von 64.516 EUR. Dieser ist bei einem 60-jährigen Mann ausweislich der vorangehenden Tabelle mit einem Kapitalwert von 12,824 zu multiplizieren. Der Wert des Nießbrauchs beträgt damit gerundet 827.353 EUR. Der Wert der gesamten Zuwendung beträgt damit 372.647 EUR (1.200.000 EUR abzüglich 827.353 EUR). Da dieser Betrag unter dem Freibetrag liegt, fällt keine Steuer an.

Teilweiser Nießbrauch

Es ist nicht zwingend, dass das ganze Grundstück mit einem Nießbrauch belastet ist. Ein Übergeber eines Anteils könnte zum Beispiel nur einen Anteil mit dem Nießbrauch belasten (sogenannter Bruchteilsnießbrauch).

Mustertext „Bruchteilsnießbrauch an einem hälftigen Miteigentumsanteil":

Der Veräußerer behält sich an dem heute übertragenen, hälftigen Miteigentumsanteil am Grundbesitz den Nießbrauch einschließlich Zubehör vor.

Ferner ist denkbar, dass die Eltern nicht alle Mieterträge benötigen, sondern damit leben können, dass sie $^1/_2$ der Mieten erhalten (sogenannter Quotennießbrauch). Eltern und Kinder bilden dann eine Ertragsgemeinschaft zu je $^1/_2$. Es ist aber nicht zulässig, sich den Nießbrauch nur für bestimmte Wohnungen einer Immobilie vorzubehalten, sofern kein Wohnungseigentum an den einzelnen Wohnungen begründet war.

Mustertext „Quotennießbrauch am Grundeigentum":

Der Veräußerer behält sich an dem Grundbesitz den Nießbrauch einschließlich Zubehör mit einer Quote von $^1/_2$ vor (Quotennießbrauch zu $^1/_2$).

Mehrere Übergeber

Wenn den übergebenden Eltern das Grundstück gemeinsam gehört, besteht das Problem, dass sich jeder Ehegatte nur für den von ihm übertragenen Grundstücksanteil den Nießbrauch vorbehalten kann. Wenn ein Ehegatte verstirbt, entfällt sein Nießbrauch. Dies ist regelmäßig nicht gewollt. Vielmehr soll dem länger lebenden Ehegatten der gesamte Nießbrauch weiterhin gehören. Eine entsprechende vertragliche Vereinbarung könnte lauten:

Mustertext „Nießbrauchsvorbehalt":

Die Eigentümer behalten sich als Gesamtgläubiger, der Längerlebende von ihnen allein, an dem Vertragsgegenstand den lebenslangen unentgeltlichen Nießbrauch vor, dessen Eintragung im Grundbuch mit der Maßgabe beantragt wird, dass zu seiner Löschung der Todesnachweis des jeweiligen Berechtigten genügt.

Aufschiebend bedingter Nießbrauch

Wenn das den Kindern übertragene Grundstück nur einem Ehegatten gehört, besteht häufig das Interesse, dass der Nießbrauch auch dem Ehegatten zukommen soll, der nicht Eigentümer des Grundstücks ist. Die Vertragsbeteiligten können vereinbaren, dass dem Nichteigentümer-Ehegatten der Nießbrauch dann zusteht, wenn sein Ehegatte verstirbt. Aufschiebend bedingt auf den Tod des Übergebers steht das Nießbrauchsrecht dem länger lebenden Ehegatten allein zu (sogenannter aufschiebend bedingter Zuwendungsnießbrauch).

Mustertext „Aufschiebend bedingter Zuwendungsnießbrauch":

1. *Der Veräußerer behält sich auf Lebenszeit den Nießbrauch an dem Grundbesitz einschließlich Zubehör vor.*
2. *Weiterhin wird dem Ehegatten des Veräußerers ein inhaltsgleicher Nießbrauch an dem Grundbesitz einschließlich Zubehör eingeräumt. Dieser Nießbrauch steht unter den aufschiebenden Bedingungen, dass der Veräußerer vor dem Ehegatten verstirbt und dass zu diesem Zeitpunkt die Ehe zwischen diesen noch besteht.*

Der aufschiebend bedingte Zuwendungsnießbrauch kann erbschaftsteuerlich von Vorteil sein, da eine steuerlich relevante Zuwendung an den Ehegatten erst ab dem Zeitpunkt realisiert wird, in dem der Veräußerer stirbt und damit die aufschiebende Bedingung eintritt. Dies reduziert regelmäßig den Wert der steuerbaren Zuwendung, da das Lebensalter des berechtigten Ehegatten zwischenzeitlich steigt und damit seine verbleibende durchschnittliche Lebenserwartung sinkt. Dies wiederum ist maßgeblich für den steuerlichen Wert des Zuwendungsnießbrauchs (siehe dazu Seite 85).

Nießbrauch am selbst genutzten Wohnhaus

Eltern haben in aller Regel den Wunsch, weiter in dem Ein- oder Zweifamilienhaus wohnen zu können, wenn sie dieses auf die Kinder übertragen. Ein vereinbarter Nießbrauch steht der Selbstnutzung dieses Hauses nicht im Wege. Ein Nießbrauch bietet sogar gewisse Vorteile. Die Eltern sind sowohl berechtigt, das Haus selbst zu nutzen als auch zu vermieten, z.B. für den Fall, dass gebrechlichkeitsbedingt eine Eigennutzung des Hauses nicht mehr in Betracht kommt. Möchten die Eltern in einem Zweifamilienhaus aber nur eine Wohnung selbst nutzen, bei gleichzeitiger Nutzung der anderen Wohnung durch das Kind, kommt die Vereinbarung eines Nießbrauchs nicht in Betracht. Ein Nießbrauch an einer einzelnen Wohnung ist nicht möglich; zulässig ist dann aber die Vereinbarung eines Wohnungsrechtes (siehe dazu auf Seite 96).

Rentenwahlrecht

Die Verpflichtung des Nießbrauchers, die Immobilie zu verwalten und zu bewirtschaften, kann mit zunehmendem Alter zur Last werden. Nicht selten besteht deshalb der Wunsch des Schenkers, zu einem späteren Zeitpunkt auf den Nießbrauch zu verzichten und stattdessen eine monatliche Rentenzahlung des Beschenkten in Anspruch zu nehmen. Hierzu kann im Übergabevertrag ein sogenanntes Rentenwahlrecht vereinbart werden. Da der Zeitpunkt, zu dem die Rente gezahlt werden soll, zunächst nicht absehbar ist, empfiehlt sich die Aufnahme einer sogenannten Wertsicherungsklausel.

Mustertext „Rentenwahlrecht":

Der Veräußerer ist jederzeit berechtigt, anstelle des Nießbrauchs die Zahlung einer Rente zu verlangen. Die Ausübung des Rentenwahlrechts hat schriftlich zu erfolgen und wird vier Wochen nach Zugang der Erklärung beim Erwerber wirksam.

Der Erwerber verpflichtet sich, an den Veräußerer für dessen Lebensdauer eine monatliche Rente i. H. von EUR … zu entrichten. Sie ist wie folgt wertgesichert …

Kosten- und Lastentragung

Dem Nießbraucher obliegen nur solche Ausbesserungen und Erneuerungen, die zum gewöhnlichen Unterhalt gehören; darüber hinaus gehende Maßnahmen werden dem Nießbraucher nicht auferlegt.

Beispiel für Unterhaltungsmaßnahmen

Zu den außergewöhnlichen Unterhaltungsmaßnahmen, die nicht vom Nießbraucher zu tragen sind, gehören etwa die Umstellung der Heizung von Kohle auf Wärmepumpe, die komplette Sanierung des Dachs oder vollständige Erneuerung der Elektroinstallation.

Gewöhnliche Unterhaltungsmaßnahmen, zu denen der Nießbraucher verpflichtet ist, sind etwa Verschleißreparaturen, Anstricharbeiten oder die Erneuerung einer zerbrochenen Fensterscheibe.

Im Übergabevertrag kann allerdings vereinbart werden, dass der Übergeber wie ein Eigentümer alle Lasten des Grundstücks trägt, auch die Kosten außerordentlicher Ausbesserungen und Erneuerungen. Eine derartige Vereinbarung macht aus mehreren Gründen Sinn: Zum einen sind die Kinder regelmäßig nicht in der Lage, teure Instandhaltungskosten aus dem eigenen Vermögen zu tragen und zum anderen können sie diese Kosten nicht steuerwirksam geltend machen, weil ihnen die Einnahmen nicht zustehen. Andererseits kann der Übergeber diese Kosten steuerwirksam nur geltend machen, wenn er eine Vereinbarung mit seinen Kindern getroffen hat, wonach er – wie bisher – alle Lasten trägt. Eine entsprechende vertragliche Vereinbarung könnte lauten:

Mustertext „Lastenregelung":

In Abweichung von der gesetzlichen Lastenverteilung vereinbaren wir, dass der Nießbraucher alle Lasten des Vertragsgegenstandes trägt, und zwar so, als ob er noch Eigentümer wäre. Dazu gehören insbesondere die Kosten außerordentlicher Ausbesserungen und Erneuerungen.

Unterbleibt eine derartige Vereinbarung, hat der Nießbraucher nach § 1041 BGB nur die Kosten zu tragen, die zur gewöhnlichen Unterhaltung des Grundstücks gehören (z. B. kleinere Reparaturen am Dach oder Fenster). Ferner hat der Nießbraucher nach § 1047 BGB die laufenden öffentlichen und privaten Lasten zu tragen (z. B. Müllabfuhr, Straßenreinigung, Grundsteuer). Diese Kosten entsprechen den üblichen Nebenkosten bei der Miete. Von den privaten Lasten hat der Nießbraucher die laufenden Zinsen von Grundschulden und Hypotheken zu tragen.

Absicherung des Nießbrauchs im Grundbuch

Der Nießbrauch entsteht erst mit Eintragung im Grundbuch. Für den Schenker ist der Rang des eingetragenen Nießbrauchs von besonderer Bedeutung. Sind zum Beispiel Grundpfandrechte zeitlich vor dem Nießbrauch im Grundbuch eingetragen, gehen diese dem Nießbrauch vor. Betreibt nun ein Grundpfandgläubiger die Zwangsversteigerung der Immobilie, droht stets, dass der Nießbrauch nicht in das sogenannte „geringste Gebot" fällt und im Rahmen der Zwangsvollsteigerung (in der Regel entschädigungslos) erlischt (§§ 52, 91 ZVG). Ist hingegen der Nießbrauch im Rang vor Grundpfandrechten eingetragen, bleibt er nach dem Zuschlag in der Zwangsversteigerung erhalten (§§ 44, 52 ZVG).

Der Schenker sollte zwingend darauf achten, dass sein vorbehaltener Nießbrauch erstrangig im Grundbuch eingetragen wird. Nur so ist seine wirtschaftliche Versorgung auch sicher gewährleistet.

Sollten zum Zeitpunkt der Übergabe vorrangige Grundpfandrechte nicht mehr „valutieren“, d.h. sollten die durch das Grundpfandrecht abgesicherte Darlehen bereits vollständig getilgt sein, so ist es in der Regel ratsam, im Übergabevertrag zu regeln, dass diese Grundpfandrechte gelöscht werden, damit das Nießbrauchsrecht in der Rangfolge „aufrückt“.

In der Praxis kommt es immer wieder vor, dass der Erwerber die übertragene Immobilie renovieren oder umbauen möchte und hierfür ein Darlehen aufnehmen muss. Dieser Kredit muss oft durch eine Grundschuld am Übergabeobjekt abgesichert werden. Der Kreditgeber wird dabei stets auf ein Grundpfandrecht vorrangig vor dem Nießbrauch bestehen. Schenker und Beschenkter können deshalb im Übergabevertrag einen sogenannten Rangvorbehalt aufnehmen, der es dem Eigentümer ermöglicht, später ein vorrangiges Grundpfandrecht zu Gunsten des Kreditgebers zu bestellen.

Der Schenker muss sich dabei aber des Risikos bewusst sein, dass sein Nießbrauch erlischt, wenn der Kredit notleidend wird und der Gläubiger die Zwangsversteigerung aus dem Grundpfandrecht betreibt.

Nießbrauch und Sozialhilferegress

Da der Nießbrauch gemäß § 1059 Satz 1 BGB übertragbar ist, kann er im Rahmen der Zwangsvollstreckung auch gepfändet werden (§ 857 Abs. 3 ZPO). Da die Ausübung des Nießbrauchsrechts Dritten überlassen werden kann, können die Ansprüche aus dem Nießbrauch auf den Sozialhilfeträger übergeleitet werden (§ 93 SGB XII). Dieser sogenannte Sozialhilferegress kommt in der Praxis dann zum Tragen, wenn der Schenker später anfallende Pflegekosten (zum Beispiel für das Pflegeheim) aus eigenen finanziellen Mitteln nicht aufbringen kann, etwa wenn die Mieteinnahmen aus dem übergebenen Grundbesitz hierfür nicht ausreichen. Übernimmt dann der Sozialhilfeträger Pflege- und Heimkosten, droht der Sozialhilferegress (Einzelheiten hierzu auf Seite 54).

Auch wenn Schenker und Beschenkter zivilrechtlich die Nichtübertragbarkeit des Nießbrauchs vereinbaren würden, wird hierdurch die Überleitung auf den Sozialhilfeträger gemäß § 93 Abs. 1 Satz 4 SGB XII nicht verhindert.

In der Gestaltungspraxis wird teilweise vereinbart, dass der Nießbrauch auflösend bedingt erlischt, wenn es zum Sozialhilferegress kommt. Nach der Rechtsprechung des BGH dürfte eine derartige Regelung aber wegen einer sogenannten Sittenwidrigkeit nichtig sein, da hierdurch die Sozialhilfebedürftigkeit vorsätzlich herbeigeführt wird.

Nießbrauch und Pflichtteilshaftung

Die Zehnjahresfrist sowie die Abschmelzung während dieser zehn Jahre nach der Schenkung beginnen nicht zu laufen, wenn die unentgeltliche Zuwendung nicht endgültig aus dem wirtschaftlichen Verfügungsbereich des Erblassers ausgegliedert wurde und bei diesem keinen sogenannten „Genussverzicht" begründet hat.

Dies ist nach der Rechtsprechung bei einem Vorbehaltsnießbrauch der Fall, da der Erblasser den verschenkten Gegenstand aufgrund des Nießbrauchs weiter nutzen kann. Demnach führt die Schenkung einer Immobilie unter Vorbehalt eines lebenslangen Nießbrauchs auch 25 Jahre oder länger vor Eintritt des Erbfalls noch zur Pflichtteilsergänzungspflicht.

Nutzungs-, Mitsprache- und Rücktrittsrechte des Schenkers können die Zehn-Jahres-Frist des § 2325 Abs. 3 BGB erheblich verlängern. Deshalb gilt: „Wer zu viel beschwert, schenkt verkehrt". Oft kann es zur Reduzierung des Pflichtteils sinnvoller sein, die Immobilie nicht unter Vorbehalt eines Nießbrauchs zu verschenken, sondern sie gegen eine Rente zu veräußern.

Nießbrauch und Niederstwertprinzip

Immobilien werden gemäß § 2325 Abs. 2 Satz 2 BGB mit dem Wert zum Zeitpunkt des Erbfalls angesetzt oder, wenn der Wert zum Zeitpunkt der Schenkung niedriger war, mit diesem Wert. Es ist somit immer der Wert zum Zeitpunkt des Todes mit dem Wert zum Zeitpunkt der Schenkung zu vergleichen und der sich hieraus ergebende, niedrigere Wert der Pflichtteilsberechnung zugrunde zu legen (sogenanntes Niederstwertprinzip).

> **!** Eine Besonderheit ist bei der Bewertung von Immobilien zu beachten, an denen sich der Schenker Nutzungsrechte, beispielsweise einen Nießbrauch, vorbehalten hat. Nach ständiger Rechtsprechung des Bundesgerichtshofs wird im Falle einer Immobilienschenkung unter Nießbrauchsvorbehalt der stichtagsbezogene Vergleich der Werte zum Schenkungszeitpunkt und zum Todeszeitpunkt zunächst ohne Berücksichtigung des Nießbrauchs durchgeführt. Der Grundstückswert wird unabhängig vom vorbehaltenen Nießbrauch zu beiden Zeitpunkten bestimmt. Ergibt sich nach dem Niederstwertprinzip die Maßgeblichkeit des Wertes zum Zeitpunkt des Todes, verbleibt es bei dem ermittelten Grundstückswert ohne Berücksichtigung des Nießbrauchs. Dieser wird nicht mehr abgezogen, da er durch den Tod des Berechtigten erloschen ist. Ergibt die Bewertung hingegen einen niedrigeren Wert des Grundstücks zum Zeitpunkt der Schenkung, ist der Nießbrauch von diesem Wert abzuziehen, da er – anders als zum Todeszeitpunkt – zum Zeitpunkt der Schenkung noch bestand.

Das Wohnungsrecht

Ein Wohnungsrecht ist das Recht, das Gebäude oder den Teil eines Gebäudes unter Ausschluss des Eigentümers zu bewohnen. Die Nießbrauchsvorschriften finden auf dieses Wohnungsrecht weitgehend Anwendung. Das Wohnungsrecht entsteht durch Einigung der Beteiligten und Eintragung in das Grundbuch. Die Eintragungsbewilligung muss notariell beglaubigt sein. Wie das Nießbrauchsrecht, ist das Wohnungsrecht weder übertragbar noch vererblich. Lediglich die Ausübung des Wohnrechts kann – entgeltlich oder unentgeltlich – einem Dritten überlassen werden, sofern dies dem Wohnungsberechtigten gestattet worden ist (§ 1092 Abs. 1 Satz 2 BGB). Das Wohnungsrecht erlischt spätestens mit dem Tod des Berechtigten.

Mitbenutzungsrecht für Dritte

Grundsätzlich darf der Wohnungsrechtsinhaber die Wohnung nur selbst nutzen und sie nicht anderen Personen überlassen. Nach § 1093 BGB ist er aber berechtigt, seine Familie sowie die zur Pflege notwendigen Personen in die Wohnung aufzunehmen. Der Bundesgerichtshof hat entschieden, dass auch der Partner der nichtehelichen Lebensgemeinschaft dort wohnen darf.

Durch vertragliche Vereinbarung kann der Kreis der Personen, die die Wohnung mitbenutzen dürfen, eingeschränkt oder erweitert werden. Die unentgeltliche Überlassung der

Wohnung oder die Vermietung der Wohnung ist grundsätzlich untersagt. Vertraglich kann sie jedoch gestattet werden.

> ***Mustertext „Wohnungsrecht“:***
>
> *Der Übergeber behält sich an dem Vertragsgegenstand ein lebenslanges Wohnungsrecht nach § 1093 BGB vor. Danach ist er berechtigt, unter Ausschluss des Eigentümers die Wohnung im Erdgeschoss des Hauses ausschließlich zu Wohnzwecken zu nutzen.*
>
> *Die Wohnung darf sowohl vermietet als auch anderen Personen unentgeltlich überlassen werden.*
>
> *Ferner ist vereinbart das Recht zur Mitbenutzung der gemeinschaftlichen Anlagen, insbesondere des Gartens und der Kellerräume.*

Nutzungsentgelt für das Wohnungsrecht

Im Regelfall kann der Berechtigte das Wohnungsrecht unentgeltlich nutzen. Die Beteiligten können aber auch ein – einmaliges oder wiederkehrendes – Nutzungsentgelt vereinbaren. Sofern hierzu nicht ein Mietvertrag, sondern nur eine mietzinsähnliche Leistungspflicht vereinbart wird, sind die mietrechtlichen Bestimmungen weder direkt noch analog anwendbar. Im Falle einer Veräußerung der Immobilie geht deshalb der Entgeltanspruch nicht kraft Gesetzes (§ 566 BGB) auf den Erwerber über. Hierfür wäre eine gesonderte Vereinbarung notwendig.

Mehrere Wohnungsrechtsinhaber

Wenn das zu übertragende Haus beiden Elternteilen gehört und sich beide ein Wohnungsrecht vorbehalten, kann dieses Recht wie folgt vereinbart werden:

> ***Mustertext „Wohnungsrechtsgesamtgläubiger":***
>
> *Wir behalten uns als Gesamtgläubiger nach § 428 BGB, der Längerlebende alleine, ein Wohnungsrecht an der Wohnung … vor.*

Diese Gestaltung ist auch dann möglich, wenn das Haus nur einem Ehegatten gehört, aber für beide ein Wohnungsrecht bestellt werden soll. Steuerlich ist aber zu beachten, dass dem Nichteigentümer-Ehegatten schon zu Lebzeiten ein Wohnungsrecht zugewendet wird, das einen steuerpflichtigen Schenkungswert hat. Besser ist deshalb die Zuwendung eines auf den Tod des bisherigen Eigentümers der Ehegatten bedingten Wohnungsrechts. Dieses könnte lauten:

> ***Mustertext „Bedingtes Wohnungsrecht":***
>
> *Aufschiebend bedingt auf den Tod des Übergebers steht das heute vereinbarte Wohnungsrecht seinem Ehegatten zu.*

Wohnungsrecht in einem Mietshaus

Wenn die Eltern auf ihre Kinder ein Mietshaus übertragen, können sie sich das Wohnungsrecht an einer oder mehreren Wohnungen vorbehalten. Damit kann erreicht werden, dass sich die Eltern die Mieterträge an einzelnen Wohnungen sichern (was über die Nießbrauchsgestaltung nicht geht).

Allerdings muss vertraglich ausdrücklich die Zulässigkeit der Vermietung der Wohnungen vereinbart werden. Bei einer derartigen Gestaltung sind aber Überlegungen über die Aufteilung der Reparatur- und Instandhaltungskosten am Haus anzustellen.

Falls sich das Wohnungsrecht nicht auf das gesamte Gebäude bezieht, müssen im Übergabevertrag die vom Wohnungsrecht umfassten Räume so genau bezeichnet werden, dass ein fremder Dritter ohne Weiteres feststellen kann, welche Räume vom Wohnungsrecht erfasst werden und welche nicht. Dies erfolgt in der Praxis meist durch einen der Vereinbarung beigefügten, die Räume kennzeichnenden Plan.

Benutzung von Anlagen und Einrichtungen

Das Wohnungsrecht schließt die Benutzung der zum gemeinschaftlichen Gebrauch der Bewohner bestimmten Anlagen und Einrichtungen nur insoweit ein, als dies für die Nutzung der Wohnung selbst erforderlich ist (§ 1093 Abs. 3 BGB).

Beispiel der gemeinschaftlichen Einrichtungen

Anlagen und Einrichtungen, die kraft Gesetz mitbenutzt werden dürfen, sind etwa eine Sammelheizung, die Treppenheizung, die Ver- und Entsorgungsanlagen des Gebäudes und der Keller. Nicht hierzu zählen etwa die Mitbenutzung des Gartens oder eines KFZ-Stellplatzes.

Im Übergabevertrag kann aber das Nutzungsrecht entsprechend erweitert werden.

Mustertext „Wohnungsrecht und Mitbenutzung der gemeinschaftlichen Einrichtungen":

Der Veräußerer darf alle zum gemeinschaftlichen Gebrauch der Bewohner bestimmten Anlagen und Einrichtungen mitbenutzen, auch den Garten. Darüber hinaus ist der Veräußerer berechtigt, die auf dem Grundbesitz befindliche Garage unter Ausschluss des Eigentümers zu nutzen.

Eine gewerbliche Nutzung der Wohnung im Rahmen eines Wohnungsrechts ist nach herrschender Meinung nur dann zulässig, wenn sie bloß untergeordneter Nebenzweck ist. Möchte sich der Schenker auch die Möglichkeit einer gewerblichen Nutzung sichern, sollte er sich einen Nießbrauch vorbehalten.

Wohnungsrecht für einen Überschuldeten

Ist z. B. ein Kind überschuldet, stellt sich oft die Frage, wie ihm, nicht aber seinen Gläubigern, geholfen werden kann. Die Einräumung eines Wohnungsrechtes könnte eine Option sein.

Beispielhafte Überlegung zur Wohnrechtsbestellung

Eheleute haben ein Dreifamilienhaus und drei Kinder. Sie möchten das Haus auf ihre drei Kinder übertragen. Ein Kind ist jedoch hoffnungslos überschuldet.

Die Übertragung eines Anteils des Hauses an dieses Kind bringt nichts, weil die Gläubiger seinen Anteil am Grundstück pfänden könnten und es im Ergebnis zur Versteigerung der Immobilie kommt. Dies kann vermieden werden, wenn die beiden anderen Kinder das Haus bekommen und das überschuldete Kind das Wohnungsrecht an einer bestimmten Wohnung bekommt. Dieses Wohnungsrecht kann nicht gepfändet werden. Für diesen Fall sollte aber auf keinen Fall die Berechtigung zur Vermietung dieser Wohnung vereinbart werden, weil das Vermietungsrecht dann pfändbar wäre.

Kosten und Lasten des Wohnungsrechts

Die Kosten für die Erhaltung der überlassenen Wohnung, wie etwa Reparatur- und Erneuerungsarbeiten, hat der Wohnungsberechtigte zu tragen, der auch zur Durchführung der gewöhnlichen Unterhaltsmaßnahmen verpflichtet ist (§§ 1093 Abs. 1 Satz 2, 1041 BGB). Außergewöhnliche Ausbesserungen und Erneuerungen obliegen ihm jedoch nicht. Zu beachten ist, dass diese außergewöhnlichen Maßnahmen auch nicht vom Grundstückseigentümer vorzunehmen sind. Er muss lediglich dafür Sorge tragen, dass die zum gemeinschaftlichen Gebrauch der Bewohner bestimmten Einrichtungen in gebrauchsfähigem Zustand erhalten werden (§ 1093 Abs. 3 BGB). Die gewöhnlichen Unterhaltungskosten (wie

z. B. Wasser, Strom, Heizung, Müllabfuhr und Abwasser) fallen dem Wohnungsberechtigten zur Last.

Weil die gesetzlichen Regelungen unvollständig und teilweise nicht gewollt sind, ist den Vertragsbeteiligten dringend zu empfehlen, die Frage der Kostentragung im Übergabevertrag ausführlich zu regeln, um späteren Streit zu vermeiden.

> ***Mustertext „Wohnungsrecht und Kostenregelung":***
>
> *Die Kosten für Schönheitsreparaturen für die dem Wohnungsrecht unterliegenden Räume hat der Wohnrechtsinhaber zu tragen. Im Übrigen ist der Eigentümer verpflichtet, die dem Wohnungsrecht unterliegenden Räume in einem jederzeit gut bewohnbaren und beheizbaren Zustand zu erhalten. Weiter ist der Eigentümer verpflichtet, die Kosten für Wasser, Abwasser, Strom, Heizung und Müllabfuhr zu tragen. Aufwendungen für den Betrieb und die Unterhaltung der gemeinschaftlichen Anlagen und Einrichtungen trägt der Eigentümer ebenfalls alleine.*
>
> *oder (zum Beispiel wenn der Übergeber das Haus alleine bewohnt):*
>
> *Der Überträger trägt alle Lasten von Haus und Grundstück, auch die Lasten, welche nach dem Gesetz der Eigentümer zu tragen hat.*

Absicherung des Wohnungsrechts im Grundbuch

Für den Schenker ist – wie beim Nießbrauchsvorbehalt (vergleiche dazu Seite 91) – wichtig, dass das Wohnungsrecht erstrangig vor anderen Grundpfandrechten im Grundbuch eingetragen wird. Ansonsten besteht das Risiko, dass das Wohnungsrecht im Rahmen der Zwangsversteigerung erlischt.

Wohnungsrecht und Pflichtteilshaftung

Solange die Ausübung des Wohnungsrechtes einer anderen Person überlassen werden kann (z. B. durch Vermietung) und das Wohnungsrecht sich auf das gesamte Gebäude erstreckt, wird die Zehn-Jahres-Frist nicht in Gang gesetzt. Etwas anderes kann dann gelten, wenn sich das Wohnungsrecht nur auf einzelne Räume bezieht (Einzelheiten zum Pflichtteilsergänzungsanspruch auf Seite 44).

Die Übergabe gegen Pflegeverpflichtung

Der Übergabevertrag gegen Pflegeverpflichtung ist im Kommen. Hierfür sorgen die zunehmende Lebenserwartung der Menschen und die abnehmenden sozialen Leistungen des Staates. Die Formulierung der Pflegeverpflichtung erweist sich als schwierig, weil die Vorstellungen der Beteiligten meistens nur sehr verschwommen sind: „Wir möchten, dass sich jemand um uns kümmert, wenn wir mal nicht mehr können und unsere Tochter will das tun."

Regelung des Pflegeumfangs

Die Praxis zeigt, dass sich der Erwerber, der gegenüber einem (noch) gesunden Veräußerer Pflegeverpflichtungen übernimmt, nicht immer bewusst ist, welche hohen Kosten und immense persönliche Belastung die Versorgung und Pflege eines schwerstpflegebedürftigen Veräußerers bedeuten kann. Hier sind ausgiebige Gespräche erforderlich, um ein Bewusstsein für den Umfang der eventuell oder tatsächlich zu erbringenden Pflegeleistungen zu erzeugen.

> *Checkliste „Bestimmung des Pflegeumfangs":*
>
> - *Hat der Pflegeverpflichtete die Leistungen persönlich zu erbringen oder kann er auch andere Personen damit beauftragen?*
> - *Wer hat die Pflegeleistung zu erbringen, wenn der Pflegeverpflichtete krank ist, sich im Urlaub befindet*

oder aufgrund seiner familiären Situation keine oder nicht ausreichend Zeit findet, weil z. B. kleine Kinder zu betreuen sind?

- *Welche Verpflichtung haben die Erben, wenn der Pflegeverpflichtete stirbt? Treten diese an seine Stelle? Wer sind gegebenenfalls die Erben?*
- *Wo soll gepflegt werden, eventuell nur in der Wohnung des Übergebers? Endet die Pflegeverpflichtung mit Auszug aus der Wohnung?*
- *Welchen Umfang hat die Pflegeleistung, z. B. Körperpflege, Zubereitung der Mahlzeiten, Reinigung der Wohnung und Wäsche?*
- *Welcher Zeitaufwand ist zumutbar, eine Stunde täglich, drei Stunden, zehn Stunden?*
- *Orientiert sich der Pflegeaufwand nach den Verrichtungen, die einer Pflegestufe entsprechen?*
- *Wer erhält das Pflegegeld von der Pflegeversicherung?*
- *Was gilt, wenn die Pflegeverpflichtung nicht mehr erbracht wird oder erbracht werden kann? Kann das Grundstück zurückgefordert werden, sind dann die in der Vergangenheit erbrachten Pflegeleistungen zu bezahlen, wenn ja, in welcher Höhe?*

Soll eine Freistellungsverpflichtung für Geschwister vereinbart werden, falls diese vom öffentlichen Leistungsträger herangezogen werden, z. B. für Pflegeheimkosten?

Die Vertragsbeteiligten müssen sich im Klaren sein, dass auch eine perfekt definierte Pflegeverpflichtung wenig nützt, wenn das persönliche Verhältnis zwischen Berechtigten und Pflegeverpflichteten gestört ist.

Mustertext „Pflegeverpflichtung“:

Bei Krankheit, Gebrechlichkeit oder Altersschwäche des Übergebers und sofern dieser dies verlangt, verpflichtet sich der Übernehmer zu sorgsamer häuslicher Wart und Pflege des Übergebers. Hierzu gehört insbesondere:

- *die hauswirtschaftliche Versorgung, insbesondere Reinigung der Wohnung, Spülen, Wechseln und Waschen der Wäsche und der Kleidung und Besorgung der erforderlichen Gänge und Fahrten zum Einkaufen, zum Arzt, Apotheke und Krankenhaus,*
- *die Körperpflege, mit der erforderlichen Grundpflege des Übergebers selbst bei Waschen, Duschen, Baden und im hygienischen Bereich,*
- *die Hilfe bei der Mobilität, mit Hilfe bei Aufstehen und Zu-Bett-Gehen, An- und Auskleiden, Gehen und Treppensteigen,*
- *die Ernährung und Verköstigung, mit Zubereitung und Verabreichen der bekömmlichen und standesgemäßen Verköstigung zu den üblichen Mahlzeiten, soweit ärztlich verordnet auch Diät, wobei die Kosten für den Einkauf der Übergeber selbst zu tragen hat.*

Geschuldet sind jedoch nur solche gewöhnlichen und wiederkehrenden Verrichtungen, die vom Übernehmer ohne besondere zusätzliche Ausbildung, soweit erforderlich mit Unterstützung der vorhandenen ambulanten Pflegedienste (Sozialstation oder Ähnliches) und des Ehegatten des Übernehmers, in einer dem Alters- und Gesundheitszustand des Übergebers angemessenen Weise zu Hause erbracht werden können und die in ihrer Gesamtheit – mit Ausnahme der Verköstigung – auf Dauer den Übernehmer bei einer vergleichenden Betrachtungsweise, insbesondere nach Intensität und Zeitaufwand der Pflegeleistung, nicht stärker belasten als die Verrichtungen, die der Zuordnung in den Pflegegrad 1 gem. § 15 SGB XI entspricht.

Für die nähere Bestimmung dieser Verpflichtungen gilt in Zweifelsfällen § 15 SGB XI, in der Fassung, die am Tag der Beurteilung gilt.

Diese Verpflichtungen ruhen ersatzlos, wenn und solange der Übergeber das Vertragsanwesen verlassen hat, weil nach fachärztlicher Feststellung aus medizinischen oder pflegerischen Gründen ein Verbleiben auf dem Vertragsanwesen nicht mehr vertretbar ist.

Auf die weitergehende gesetzliche Unterhaltspflicht des Übernehmers und seiner Geschwister – gerade bei einer Heimunterbringung des Übergebers – sowie auf die Einstufung der Pflegegrade nach § 15 SGB XI wurde vom amtierenden Notar eindringlich und nachhaltig hingewiesen.

Absicherung des Pflegeanspruchs im Grundbuch

Die Verpflichtung zu Pflege und Versorgung kann nach herrschender Meinung im Grundbuch durch Eintragung einer Reallast abgesichert werden, wenn die sich für den Erwerber ergebenden Pflichten ausreichend konkret bestimmt sind.

Pflegeverpflichtung und Sozialhilferegress

Muss der Veräußerer aufgrund seiner gesundheitlichen Situation in ein Pflegeheim umziehen und werden die Pflegeheimkosten vom Sozialhilfeträger übernommen, kann dieser beim Erwerber Regress nehmen und den Betrag fordern, der seinen ersparten Pflegeaufwendungen entspricht. Für diesen Fall sollte im Übergabevertrag vereinbart werden, dass mit dem Umzug des Veräußerers die Pflege- und Versorgungsverpflichtung – entschädigungslos – ruhen. Die Rechtsprechung sieht hierin keinen unzulässigen Vertrag zu Lasten des Sozialhilfeträgers. Wenn aber besondere, zu missbilligende Umstände hinzutreten, kann diese Regelung sittenwidrig und damit gemäß § 138 Abs. 1 BGB nichtig sein.

Die Pflegerechte können als sogenannte Reallast im Grundbuch gesichert werden. Kommt die Pflegeverpflichtung ergänzend zu einem dem Schenker vorbehaltenen Wohnrecht hinzu, kann die gemeinsame Eintragung als sogenanntes Leibgeding (vergleiche nächstes Kapitel) eingetragen werden, welches im Rahmen einer Zwangsversteigerung bevorzugt behandelt wird.

Leibrente und dauernde Last

Die finanzielle Versorgung des Veräußerers kann im Rahmen eines Übergabevertrages auch durch die Vereinbarung wiederkehrender Leistungen sichergestellt werden. Dies findet sich häufig, wenn vermietete Immobilien oder Betriebsgrundstücke übergeben werden. Für den Veräußerer haben wiederkehrende Leistungen gegenüber dem Nießbrauch den Vorteil, dass er sich zukünftig nicht mehr um die Verwaltung des übertragenen Objekts kümmern muss. Für den Beschenkten haben wiederkehrende Leistungen gegenüber dem Nießbrauch oder dem Wohnungsrecht den Vorteil, dass er nach der Übergabe unbeschränkt über die Immobilie verfügen kann.

Für die wirtschaftliche Versorgung des Schenkers durch wiederkehrende Leistungen bestehen zwei Alternativen:

- Bei der Leibrente (§ 759 BGB) verpflichtet sich der Beschenkte, einen festen, unveränderlich wiederkehrenden Betrag an den Schenker zu zahlen. Um dem inflationsbedingten Wertverlust vorzubeugen, sollte eine Wertsicherungsklausel aufgenommen werden.
- Bei der dauernden Last verpflichtet sich der Schenker zur Zahlung eines wiederkehrenden Betrages, dessen Höhe von der Leistungsfähigkeit des Beschenkten und dem Bedarf des Schenkers abhängig ist. Je nach Veränderung der Ertragslage der übergebenen Immobilie einerseits und des Bedarfs des Schenkers (beispielsweise wegen Pflegebedürftigkeit) andererseits kann jeder Vertragspartner in Anwendung des § 323 ZPO die Abänderung des Ausgangsbetrages verlangen.

Die dauernde Last ist für die Beteiligten also mit erheblichen Unsicherheiten verbunden, da bei Abschluss des Übergabevertrages nicht voraussehbar ist, wie sich die Einkommensverhältnisse des Beschenkten und die Pflegesituation des Schenkers zukünftig entwickeln. Dem gegenüber bietet die Leibrente für beide Beteiligte eine ausreichende Planungssicherheit.

Die früher bestehenden steuerlichen Vorteile der dauernden Last gegenüber der Leibrente sind zwischenzeitlich entfallen. Der dauernden Last kommt deshalb keine große praktische Bedeutung mehr zu.

Leibrente und Pflichtteilshaftung

In der höchstrichterlichen Rechtsprechung ist bisher nicht geklärt, ob die Vereinbarung einer Leibrente (oder einer dauernden Last) im Rahmen des Pflichtteilsergänzungsanspruches den Lauf der Zehn-Jahres-Frist des § 2325 Abs. 3 hindert (Einzelheiten dazu auf Seite 44). Nach zutreffender, aber umstrittener Ansicht dürfte dies nur dann der Fall sein, wenn die Leibrente unabhängig von den Erträgen des Objekts zu zahlen ist.

Absicherung der Leibrente im Grundbuch

Die Leibrente kann durch Eintragung einer sogenannten Reallast (§ 1105 BGB) – wenn möglich im ersten Rang – im

Grundbuch abgesichert werden. Weiter empfiehlt sich, in den Übergabevertrag eine Zwangsvollstreckungsunterwerfungsklausel aufzunehmen, damit der Rentenzahlungsanspruch im Streitfall ohne Prozess zügig durchgesetzt werden kann.

Die Reallast ist – anders zum Beispiel als eine Hypothek – nicht zwingend an den Bestand der Leibrente gekoppelt. Sie entsteht als eigenständiges dingliches Recht neben der Leibrentenverpflichtung. Um zu vermeiden, dass der Beschenkte schuldrechtlich aus der Leibrente und zugleich dinglich aus der Reallast in Anspruch genommen wird, sollte im Übergabevertrag vereinbart werden, dass Zahlungen aus der Leibrente auf die Reallast angerechnet werden und umgekehrt.

Bei mehreren Veräußerern entspricht es meist dem Wunsch der Übergeber, die Leibrentenberechtigung als Gesamtgläubigerschaft festzulegen.

Mustertext „Leibrente und Reallast":

Der Beschenkte verpflichtet sich, an die Übergeber als Gesamtgläubiger nach § 428 BGB für deren Lebensdauer monatlich im Voraus eine Leibrente i. H. v. … EUR zu bezahlen.

Die Rente ist weder veräußerlich noch vererblich. Nach dem Tod eines Übergebers soll die Rente jedoch dem überlebenden Übergeber allein und ungeschmälert in voller Höhe zustehen.

Die Leibrente wird wie folgt wertgesichert: … Eine weitere Anpassung der Rente, etwa nach § 323 ZPO, erfolgt nicht.

Der Beschenkte unterwirft sich wegen der monatlichen Rentenzahlungsverpflichtung sowohl persönlich als auch in Ansehung des dinglichen Anspruchs aus der Reallast der sofortigen Zwangsvollstreckung aus dieser Urkunde.

Diese Leibrente wird durch Bestellung einer Reallast auf den übergebenen Grundbesitz gesichert.

Erfolgte Zahlungen aus persönlichen und dinglichen Verpflichtungen sind wechselseitig aufeinander anzurechnen.

Altenteil und Leibgeding

Der Begriff „Altenteil" (oft auch als Leibgeding, Leibzucht, Auszug oder Austrag bezeichnet) wird vorrangig in landwirtschaftlichen Übergabeverträgen verwendet. Von einem Altenteil spricht man bei der unentgeltlichen Übergabe einer Wirtschaftseinheit im Wege der Generationenfolge. Der Erwerber erlangt durch den Übertragungsvertrag eine wirtschaftlich selbstständige Stellung, der Altenteiler seine Altersversorgung.

Das Altenteil setzt sich in der Regel aus zwei Komponenten zusammen:

- Zum einen wird ein Wohnungsrecht des Übergebers als beschränkt persönliche Dienstbarkeit vereinbart.
- Zum anderen werden im Wege der Reallast Geld- oder Sachleistungen des Eigentümers festgelegt. Kommt der Eigentümer seiner Verpflichtung aus der Reallast nicht nach, kann der Übergeber gegen ihn vorgehen.

Der Altenteilsvertrag bedarf der notariellen Beurkundung und des Vollzugs im Grundbuch. Für Hofübertrageverträge im landwirtschaftlichen Bereich bestehen nach Art. 96 EGBGB landesrechtliche Sondervorschriften. § 9 EGZVG bietet einen gewissen Schutz des Altenteils bei Zwangsversteigerungen.

Grundstücksschenkung als Ausstattung

§ 1624 BGB definiert als Ausstattung, was einem Kind mit Rücksicht auf seine Verheiratung oder auf die Erlangung einer selbstständigen Lebensstellung zur Begründung oder zur Erhaltung der Wirtschaft oder der Lebensstellung vom Vater oder der Mutter zugewendet wird. Dem Wesen nach handelt es sich also um eine materielle Starthilfe in die wirtschaftliche Selbstständigkeit.

Der Ausstattungsvertrag ist kein Schenkungsvertrag, auch wenn die Grundstücksübertragung unentgeltlich erfolgt. Es handelt sich um einen eigenen Vertragstyp. Dies hat folgende rechtliche Konsequenzen:

- Ein als Ausstattung übertragenes Grundstück unterliegt nicht der Pflichtteilsergänzung nach § 2325 BGB, es sei denn, die Ausstattung wurde im „Übermaß" gewährt. Allerdings kann sie bei der Pflichtteilsberechnung nach § 2316 BGB zu berücksichtigen sein.
- Obwohl die Ausstattung keine Schenkung im Sinne des BGB ist, handelt es sich um eine freigebige unentgeltliche Zuwendung unter Lebenden, die nach § 7 ErbStG der Schenkungsteuer unterliegt.
- Über eine Ausstattung soll das Kind frei verfügen können, auch hinsichtlich der Vererbung. Nutzungsvorbehalte (z. B. der Nießbrauchsvorbehalt oder das Wohnungsrecht des Übergebers) sowie die üblichen Rückforderungsrechte sind mit der Ausstattung nicht vereinbar. Deshalb kommen auch die gesetzlichen Rückforderungs- und Widerrufs-

rechte nach §§ 528 ff. BGB (z. B. wegen groben Undanks, Verarmung des Übergebers) nicht zur Anwendung.

- Die Ausstattung ist im Rahmen des § 2050 BGB unter Abkömmlingen immer ausgleichungspflichtig, wobei aber der Übergeber im Ausstattungsvertrag bestimmen kann, dass die Zuwendung entgegen der gesetzlichen Regeln nicht auszugleichen ist.

> ***Mustertext „Ausstattungsvereinbarung":***
>
> *Die Übergeber übertragen auf ihre Tochter mit Rücksicht auf deren Verheiratung den Bauplatz in … . als Ausstattung. Die Tochter nimmt die Ausstattung an.*

Auf den Punkt gebracht

Bei der Übertragung von Immobilien ist die Existenzsicherung des Schenkers für den Alters- und Pflegefall von großer Wichtigkeit. Der Schenker kann sich hierzu ein Nießbrauchs- oder Wohnungsrecht vorbehalten. Dabei sollten auch die Absicherung seines Ehegatten geregelt sowie die zukünftigen Kosten und Lasten vernünftig verteilt werden. Der Beschenkte kann sich zur Zahlung einer – mittels Reallast im Grundbuch abgesicherten – Leibrente verpflichten. Bei diesen Gestaltungen darf auf den Rat eines erfahrenen Erbrechtsexperten, der insbesondere die Auswirkungen auf die Pflichtteilshaftung des Erben und den Sozialhilferegress beim Beschenkten prüft, nicht verzichtet werden.

Rückforderungsrechte des Schenkers

Bei einer lebzeitigen Zuwendung von Immobilien ist die Frage der Rückforderungsmöglichkeit des Schenkers ein wichtiger Vertragsbestandteil. Das Loslassenkönnen von Grundeigentum ist eine Seite der Medaille, die Rückforderungsmöglichkeit im Falle unerwarteter Ereignisse die andere. Die Schenkung sollte deshalb so gestaltet werden, dass auf negative Entwicklungen in der Zukunft – seien sie vom Beschenkten verschuldet oder nicht – reagiert werden kann.

Rückforderungsrecht bei Zuwendung an Ehegatten

Freigebige Zuwendungen an den Ehegatten erfolgen in aller Regel erst dann, wenn sich die Beziehung gefestigt hat und ein Scheitern der Ehe nicht mehr zu erwarten ist. Gleichwohl sollte man die Möglichkeit des Scheiterns der Ehe nicht völlig ausschließen und sich für diesen Fall ein Rückforderungsrecht vorbehalten.

Ferner ist an den Fall zu denken, dass der beschenkte Ehegatte vor dem schenkenden Ehegatten verstirbt. Dies könnte die fatale Folge haben, dass der schenkende Ehegatte sein verschenktes Haus wieder erbt und darauf Erbschaftsteuer zahlen müsste. Dieser Erwerb ist leider nicht steuerbefreit, im Gegensatz zu dem Fall, dass Eltern das ihrem Kind geschenkte Haus durch Erbfall zurückerhalten (§ 13 Abs. 1 Nr. 10 ErbStG).

Ein Rückforderungsrecht macht aber auch dann Sinn, wenn der schenkende Ehegatte nicht der Alleinerbe des verstorbenen Ehegatten ist. Der schenkende Ehegatte kann sich dann überlegen, ob er das Haus bei den Erben belässt oder lieber zurückhaben möchte.

Auch ist in aller Regel nicht gewünscht, dass der beschenkte Ehegatte das Hausgrundstück ohne Zustimmung des schenkenden Ehegatten veräußern oder belasten darf.

Das Rückforderungsrecht ist ein Recht, das ausgeübt werden kann, aber nicht ausgeübt werden muss. Für den Fall, dass der schenkende Ehegatte nicht der Alleinerbe seines verstorbenen Ehegatten ist, sollte noch eine unwiderrufliche Vollmacht vereinbart werden, wonach der schenkende Ehegatte berechtigt ist, in Ausübung dieser Vollmacht das Grundstück wieder auf sich selbst rückzuübertragen. Wenn eine solche Vollmacht nicht vereinbart wird, besteht die Gefahr, dass die Erben erst auf Rückübereignung des Hauses verklagt werden müssten. Entsprechende Formulierungen könnten wie folgt lauten:

Mustertext „Rückforderungsrecht“:

Der Ehemann behält sich gegenüber der Ehefrau das Recht vor, die Rückübertragung des Vertragsgegenstandes verlangen zu können, wenn

- *das Vertragsobjekt ohne Zustimmung des Ehemannes ganz oder teilweise veräußert wird,*
- *die Ehefrau vor dem Ehemann verstirbt,*
- *die Ehe rechtskräftig geschieden wird.*

Für den Fall der Rückforderung des Vertragsgegenstandes bei Vorversterben der Ehefrau erhält der Ehemann die unwiderrufliche Vollmacht zur Abgabe und zum Empfang aller Erklärungen, die zur Rückübereignung des Vertragsgegenstandes erforderlich sind.

Rückforderungsrechte bei Zuwendung an Kinder

Die Vereinbarung von Rückforderungsrechten bei Schenkungen an Kinder oder andere Personen gehört zum Standardrepertoire eines durchdachten Übergabevertrages. Nur für den Fall, dass der Beschenkte mit dem übertragenen Grundstück nach dem Willen der Schenker tun und lassen kann, was er will, kann darauf verzichtet werden, z. B. in den Fällen, in denen ein Grundstück für den Pflichtteilsverzicht übertragen wird oder zum Ausgleich für Zuwendungen an andere Geschwister.

Aus dem nachfolgenden Muster ergeben sich umfangreiche Rückforderungsrechte. Ob die Vereinbarung aller Rückforderungsrechte immer Sinn macht, kann bezweifelt werden. Hier sollte mit Augenmaß vorgegangen werden.

Mustertext „Rückforderungsrechte“:

Der Übergeber behält sich das Recht vor, die Rückübertragung des Vertragsgegenstandes verlangen zu können, wenn

- *das Vertragsobjekt ohne Zustimmung des Übergebers ganz oder teilweise veräußert oder belastet wird,*

- *in das Vertragsobjekt Zwangsvollstreckungsmaßnahmen eingeleitet und nicht innerhalb von zwei Monaten wieder aufgehoben werden,*
- *der Übernehmer vor dem Übergeber verstirbt,*
- *der Antrag gestellt wird, über das Vermögen des Übernehmers ein Insolvenzverfahren zu eröffnen oder der Antrag gestellt wird, dass der Übernehmer ein Vermögensverzeichnis abzugeben und dessen Richtigkeit an Eides statt zu versichern hat und der Antrag nicht innerhalb einer Frist von zwei Monaten zurückgewiesen oder zurückgenommen wird,*
- *in der Person des Übernehmers ein Grund besteht, der die Pflichtteilsentziehung rechtfertigt,*
- *der Übernehmer auf den Vertragsgegenstand Zugewinnausgleichsansprüche zahlen müsste,*
- *der Übernehmer keinen Ehevertrag schließt, wonach gegenständlich beschränkt auf den Vertragsgegenstand Zugewinnausgleichsansprüche ausgeschlossen sind,*
- *grober Undank nach § 530 BGB vorliegt,*
- *der Übernehmer dauerhaft geschäftsunfähig wird und wirksame eigene Erklärungen nicht mehr abgeben kann, z. B. als Wachkomapatient,*
- *der Übernehmer wegen der heute übertragenen Vertragsgegenstände nach den gesetzlichen Vorschriften keine sozialrechtliche Leistung zur Absicherung des Lebensunterhalts oder eine Grundsicherung bezieht.*

Für den Fall der Rückforderung des Vertragsgegenstandes bei Vorversterben des Übernehmers erhält der Übergeber unter Befreiung von den Beschränkungen des § 181 BGB und unwiderruflich auf den Tod des Übernehmers die Vollmacht zur Abgabe und zum Empfang aller Erklärungen, die zur Rückübereignung des Vertragsgegenstandes erforderlich sind.

Freies Rückforderungsrecht

Auch ein freies Widerrufsrecht kann vereinbart werden, das heißt, es steht im Belieben des Schenkers, jederzeit das Grundstück zurückzufordern. Eine derartige Vereinbarung ist vertragsrechtlich gültig. Gleichwohl stellt sich die Frage nach dem Sinn einer derartigen Vereinbarung:

- Oft beruht die Lebensplanung des Erwerbers auf der Annahme, den Vertragsgegenstand behalten zu können, und er trifft entsprechende Dispositionen (z. B. umfangreiche Instandhaltungsmaßnahmen, Verzicht auf den Kauf eines Grundstücks, gegebenenfalls mit seinem Ehegatten, um seinen Bedarf zu decken). Die im Vertragsmuster auf Seite 119 aufgezählten Rückforderungsgründe stehen dazu nicht im Widerspruch, weil der Eintritt der dortigen Rückforderungsgründe überwiegend vom Erwerber gesteuert werden kann.
- Der freie Widerrufsvorbehalt lässt die Zehn-Jahres-Frist nach § 2325 Abs. 3 BGB nicht anlaufen, weil noch keine endgültige wirtschaftliche Ausgliederung stattgefunden hat. So kommt es zur Pflichtteilsergänzungshaftung (Einzelheiten dazu auf Seite 40).

Mehrere Rückforderungsberechtigte

Haben mehrere Veräußerer (zum Beispiel ein Ehepaar) den Grundbesitz übertragen, empfiehlt es sich den Rückübertragungsanspruch allen Übergebern einzuräumen. Dies ist auch möglich, wenn der Grundbesitz zum Zeitpunkt der Übertragung im Alleineigentum eines Ehegatten gestanden hat und gewünscht ist, dass im Falle des Ablebens des Veräußerers der andere Ehegatte den Rückforderungsanspruch geltend machen kann.

Mustertext „Rückforderungsrecht mehrerer Berechtigter":

Der Veräußerer hat in folgenden Fällen das Recht, die Rückübertragung des Grundbesitzes zu fordern:

(Ausführliche Beschreibung der Rückforderungsrechte)

Nach dem Tod des Veräußerers steht das Rückforderungsrecht dem überlebenden Ehegatten zu.

Sind die Veräußerer verheiratet, kann es sich empfehlen, dass sich das Ehepaar im Übergabevertrag wechselseitig bevollmächtigt, das Rückforderungsrecht auszuüben. Dies ist insbesondere für den Fall sinnvoll, dass ein Ehegatte wegen eingetretener Geschäftsunfähigkeit das Rückforderungsrecht nicht mehr ausüben kann.

Mehrere Erwerber

Wurde die Übertragung der Immobilie an mehrere Erwerber zum Miteigentum vorgenommen, sollte festgelegt werden, dass sich das Rückforderungsrecht auf den gesamten Grundbesitz erstreckt, auch wenn nur bei einem Miteigentümer der Rückforderungsgrund erfüllt ist.

Steuerliche Auswirkung von Rückforderungsrechten

Rückforderungsrechte sichern nicht nur den Schenker ab. Sie können auch zu einer Reduzierung der Steuerpflicht beitragen. So bestimmt § 29 ErbStG, dass eine Steuer mit Wirkung für die Vergangenheit erlischt, wenn ein Geschenk wegen eines Rückforderungsrechtes herausgegeben werden muss.

> ***Keine Steuer bei Rückforderung***
>
> *Ein Vater hat seiner Tochter eine Immobilie im Wert von 500.000 EUR geschenkt. Für den Fall der Veräußerung oder Belastung der Immobilie durch die Tochter sowie für den Fall des Versterbens der Tochter vor ihm hat er sich eine Rückforderung der Immobilie vorbehalten. Die Tochter gerät im Anschluss an die Insolvenz eines von ihr geführten Unternehmens auch privat in finanzielle Schwierigkeiten und belastet die Immobilie mit einer Grundschuld. Dies führt zur Fälligkeit des Rückübertragungsanspruchs, den der Vater auch ausübt.*
>
> *In diesem Fall entfällt rückwirkend gemäß § 29 ErbStG die seinerzeit angefallene Steuer für die Schenkung der*

Immobilie. Auch die Rückübertragung von der Tochter an den Vater ist trotz der Tatsache, dass vom Vater keine Gegenleistung zu erbringen ist, keine Schenkung und aus diesem Grunde ebenfalls nicht steuerpflichtig.

Beerben Eltern ihre Kinder und erhalten sie dadurch Gegenstände, die sie ihren Kindern geschenkt hatten, zurück, ist dieser Rückerwerb gemäß § 13 Abs. 1 Nr. 10 ErbStG schenkungsteuerfrei. Diese Schenkungsteuerfreiheit gilt jedoch nur für den Fall des Rückerwerbs von Todes wegen und nicht auch im Falle einer Schenkung zurück an die Eltern. Auch hier können Rückerwerbsrechte helfen, die der Schenker ausübt. Dann ist der Rückerwerb nämlich keine Schenkung, sondern die steuerfreie Geltendmachung des Anspruchs auf Rückerwerb.

§ 29 Abs. 1 Nr. 1 ErbStG gilt nicht nur für vertraglich vereinbarte Rückforderungsrechte. Auch gesetzliche Rückforderungsrechte fallen unter diese Vorschrift. Dies sind insbesondere:

- ein Anspruch aufgrund der Nichterfüllung einer Auflage gemäß § 527 BGB
- ein Anspruch wegen einer Verarmung des Schenkers gemäß § 528 BGB
- ein Anspruch wegen groben Undanks des Beschenkten gemäß § 530 BGB
- ein Anspruch wegen der Beeinträchtigung der Rechtstellung eines Nacherben gemäß § 2113 BGB

- ein Anspruch wegen der Beeinträchtigung eines Berechtigten aus einem Erbvertrag oder einem gemeinsamen Ehegattentestament gemäß §§ 2287, 2288 BGB
- Pflichtteilsergänzungsansprüche nach § 2329 BGB

Besondere Vorsicht ist bei sehr umfangreichen Rückforderungsrechten geboten. Insbesondere dann, wenn die Rückforderung ohne jeden Grund möglich sein soll, stellt sich die Frage eines sogenannten Missbrauchs von Gestaltungsmöglichkeiten im Sinne des § 42 Abgabenordnung. Jedenfalls im Bereich der Einkommensteuer kann nach Prüfung des konkreten Einzelfalls seitens der Finanzgerichte der Übergang des Wirtschaftsgutes verneint werden. Das Wirtschaftsgut bleibt damit steuerlich weiter dem Schenker zugeordnet. Dieser hat die aus dem Wirtschaftsgut gezogenen Früchte zu versteuern.

Widerruf der Zuwendung

Es kommt immer wieder vor, dass die Vertragsbeteiligten eines Schenkungsvertrages es sich nach der Grundstücksschenkung anders überlegen. Dies schafft erhebliche Probleme.

Problembeispiel für Widerruf

Dem Sohn wurde gegen Pflegeverpflichtung das Zweifamilienhaus übertragen. Er hatte auch die feste Absicht, in der Nähe seiner Eltern wohnen zu bleiben. Nachdem er arbeitslos geworden ist, bemüht er sich intensiv um eine neue Arbeitsstelle und findet diese 600 km weiter. Nach einem Jahr wird ihm klar, dass er nicht mehr an den Ort seiner Eltern zurückziehen wird. Seine Schwester arbeitet bei der Kreisverwaltung, ist verbeamtet, wohnt in der Nähe der Eltern und wäre auch bereit, die Pflege der Eltern zu übernehmen. Der Sohn ist bereit, das Grundstück wegen der geänderten Verhältnisse zurückzugeben.

In Betracht kommt eine Schenkung vom Sohn auf die Schwester. Diese hat allerdings nur einen Freibetrag von 20.000 EUR und gehört der Steuerklasse II an. Schenkungsteuerlich sollte diese Lösung unbedingt vermieden werden. Aber auch eine Rückschenkung an die Eltern würde gravierende Nachteile mit sich bringen, weil diese im Verhältnis zu ihren Kinder nach § 16 Abs. 1 Nr. 3 ErbStG nur einen Freibetrag von gesamt 200.000 EUR haben. Hilfreich ist deshalb die Vereinbarung eines Widerrufsvorbehaltes im Schenkungsvertrag nach § 29 ErbStG. Diese Vorschrift führt dazu, dass die bei der Grundstücksschenkung an den Sohn eventuell erhobene Schenkungsteuer rückwirkend entfällt und auch keine Steuer für die Rückschenkung anfällt.

Auch muss an den Fall gedacht werden, dass die steuerliche Bewertung eines Grundstücks falsch war, sei es ein Rechenfehler, seien es falsch mitgeteilte Bodenrichtwerte, sei es, dass die bauliche Nutzungsmöglichkeiten eines Grundstücks übersehen wurden.

Auswirkung bei falsch berechneter Schenkungsteuer

Die Tochter sollte einen Grundstücksanteil von 20 % erhalten. Dieser Anteil entsprach exakt ihrem Freibetrag von 400.000 EUR. Sie erhält jedoch einen Steuerbescheid, wonach sie über 40.000 EUR Schenkungsteuer zahlen sollte. Es stellt sich heraus, dass der Schenkungsteuerbescheid richtig ist, aber dem Steuerberater der Tochter der falsche amtliche Bodenrichtwert mitgeteilt wurde. Die Tochter möchte nicht ganz auf die Grundstücksschenkung verzichten, wäre aber damit einverstanden, dass ihr nur ein Anteil übertragen wird, der exakt ihrem steuerlichen Freibetrag entspricht. Dieser Anteil wäre jetzt naturgemäß niedriger. Es geht also nicht um die Rückgängigmachung der Übertragung, sondern lediglich um die Reduzierung des Anteils. Das Finanzgericht Rheinland-Pfalz hat entschieden, dass wegen Wegfalls der Geschäftsgrundlage der Übergabevertrag geändert werden kann, wenn ein Irrtum über die Höhe der Schenkungsteuer vorlag. Dieser Irrtum ist im Beispielsfalle offenkundig.

Es macht somit Sinn, im Übergabevertrag eine entsprechende Klausel aufzunehmen. Diese könnte lauten:

Mustertext „Geschäftsgrundlage: Steuern":

Die Erschienenen wurden belehrt, dass die unentgeltliche Zuwendung von Eigentum Schenkungsteuer auslöst, wenn der steuerliche Wert über den Freibeträgen liegt.

Alle Vertragsbeteiligten erklären, dass die Steuerfreiheit der Übertragung Geschäftsgrundlage dieses Vertrages sei. Eine entsprechende steuerliche Bedarfsbewertung liege vor. Für den Fall, dass dennoch Schenkungsteuer anfällt, behalten sich die Übergeber ein Rückforderungsrecht nach § 29 ErbStG – ganz oder teilweise – vor.

Auch kann von den Vertragsbeteiligten gemäß § 313 BGB eine Vertragsanpassung in der Weise gefordert werden, dass Schenkungsteuer nicht anfällt.

Absicherung des Rückforderungsrechts im Grundbuch

Rückforderungsrechte eines Veräußerers können durch Eintragung einer sogenannten Rückauflassungsvormerkung im Grundbuch abgesichert werden, wenn die Tatbestandvoraussetzungen der Rückforderung hinreichend genau bestimmt sind. Auf die Eintragung einer derartigen Vormerkung im Grundbuch sollte nicht verzichtet werden, da diese nicht nur den guten Glauben eines Dritten im Falle abredewidriger Verfügungen des Erwerbers zerstört, sondern auch bei der Insolvenz des Erwerbers oder bei Zwangsvollstreckungsmaßnahmen in den Grundbesitz von besonderer Bedeutung ist. Um die Löschung der Vormerkung nach dem Tod des Veräußerers zu erleichtern, kann die Vormerkung auf die Lebenszeit des Veräußerers befristet werden.

Mustertext „Rückauflassungsvormerkung":

Die Beteiligten bewilligen und beantragen die Eintragung einer auf die Lebenszeit des Veräußerers befristete Vormerkung zur Sicherung des Anspruchs auf Rückübertragung nach Ziffer … dieses Übergabevertrages in das Grundbuch.

Rückabwicklung von Vorteilen

Im Übergabevertrag sollte detailliert geregelt werden, ob nach Ausübung des Rückforderungsrechts der Veräußerer eine Gegenleistung zu erstatten hat, Verwendungen, die der Erwerber getätigt hat, ersetzen muss und Nutzungen, die der Erwerber bis zur Ausübung gezogen hat, einfordern kann. Geregelt werden sollte auch die Frage, wer die Kosten der Rückabwicklung (also Notar- und Grundbuchkosten) zu tragen hat. Hat der Erwerber bei der Übertragung sogenannte Gleichstellungsgelder an „weichende" Geschwister gezahlt (vergleiche dazu Seite 78), so muss auch die Frage der Rückabwicklung dieser Zahlungen geregelt werden.

Mustertext „Rückabwicklung":

Wird das Rückforderungsrecht ausgeübt, ist der Grundbesitz unverzüglich, unentgeltlich und auf Kosten des Erwerbers an den Veräußerer zurück zu übertragen. Vom Erwerber gezogene Nutzungen sind nicht zu erstatten.

Erfolgt die Rückforderung aus den in diesem Übergabevertrag unter Ziffer … genannten Gründen, sind Gegenleistungen oder Verwendungen des Erwerbers auf den Grundbesitz nicht zu erstatten. In allen anderen Fällen sind vom Erwerber erbrachte Gegenleistungen zinslos zu erstatten und Verwendungen des Erwerbers auf den Grundbesitz zu erstatten, soweit sie sich im Zeitpunkt der Rückübertragung objektiv werterhöhend auswirken.

Grundstücksschenkung mit Weitergabeverpflichtung

Grundstücke sollen häufig in der Familie verbleiben. Oftmals besteht deshalb der Wunsch, dass das an die Kinder übertragene Grundvermögen an die nächste Generation weitergegeben wird, spätestens mit dem Ableben der eigenen Kinder.

Erbrechtlich ist dieses Problem relativ einfach zu lösen. Die Eltern könnten ein Testament errichten, wonach die Kinder Vorerben und auf den Tod der Kinder die Enkelkinder Nacherben werden. Soll aber lebzeitig Vermögen auf die Kinder übertragen werden, kommt diese Konstruktion nicht in Betracht. Vertragsrechtlich könnte sicherlich vereinbart werden, dass sich ein Kind verpflichtet, das Grundeigentum weiter zu übertragen. Schenkungsteuerlich treten dadurch aber erhebliche Probleme auf. Wegen der Weitergabeverpflichtung könnte in diesem Vertrag eine direkte Schenkung von den Großeltern auf die Enkelkinder gesehen werden.

Kommt es den Eltern aber nur darauf an, dass die Enkelkinder erst mit dem Ableben ihrer Kinder Eigentümer des Hauses werden sollen, dann könnte zusammen mit dem Übergabevertrag ein Erbvertrag geschlossen werden, wonach z. B. der Sohn durch Vermächtnis seinen Kindern das Grundstück zuwendet. Ein Vermächtnis deshalb, weil der Sohn über sein übriges Vermögen normalerweise frei verfügen möchte, z. B. durch Errichtung eines Berliner Testamentes, wonach er seine Ehefrau zu seiner Erbin einsetzt. Ein entsprechendes erbvertraglich vereinbartes Vermächtnis könnte lauten:

Mustertext „Einseitiges Vermächtnis im Erbvertrag":

Mein Vater hat mir heute das Grundstück in der X-Straße unentgeltlich zugewendet. Durch einseitigen vertragsmäßigen und deshalb für mich bindenden Erbvertrag ordne ich an: Meine Kinder A und B erhalten als Vermächtnis das vorgenannte Grundstück zu je $^1/_2$. Wenn ein Vermächtnisnehmer wegfällt, z. B. durch Tod vor mir, sind Ersatzvermächtnisnehmer seine Abkömmlinge. Wenn Abkömmlinge nicht vorhanden sind, tritt Anwachsung beim verbliebenen Vermächtnisnehmer ein. Dieser erhält also das Grundstück für diesen Fall allein.

Dieses Vermächtnis entfällt, wenn ich das Grundstück schon lebzeitig auf meine Kinder übertragen habe.

Dieser Erbvertrag muss sowohl vom Vater als auch vom Sohn unterzeichnet werden. Unproblematisch ist dieser Erbvertrag jedoch nicht, weil die persönliche Entwicklung eines Kindes nicht vorhersehbar ist.

Auf den Punkt gebracht

Bei der Schenkung einer Immobilie ist immer zu regeln, unter welchen Voraussetzungen der Schenker einen Rückforderungsanspruch gegen den Beschenkten geltend machen kann. Mit diesen Rückfallklauseln kann auf negative Entwicklungen in der Zukunft angemessen reagiert werden. Der Übergabevertrag muss auch Bestimmungen enthalten, ob und in welchem Umfang nach einer Rückforderung der Schenker Gegenleistungen zu erstatten sind, und vom Beschenkten gezogene Nutzungen sowie getätigte Verwendungen ausgeglichen werden müssen.

Steuertipps für die Schenkung von Immobilien

Bei jeder erbrechtlichen Regelung und auch bei größeren Schenkungen sollte stets die Erbschaft- und Schenkungsteuer berücksichtigt werden. So können Freibeträge dadurch mehrfach genutzt werden, dass ein Erblasser seinen Kindern bereits zu Lebzeiten etwas zuwendet. Auch steuerlich nachteilige Regelungen, wie beispielsweise häufig das sog. Berliner Testament, können umgangen werden. So können Alternativen gewählt werden, die wirtschaftlich zum gewünschten Ergebnis führen, die oft katastrophalen erbschaftsteuerlichen Folgen eines Berliner Testaments jedoch vermeiden. Die „steuergünstige Standardlösung" gibt es jedoch nicht. In jedem Einzelfall sind die individuellen Verhältnisse und Wünsche der Betroffenen ebenso zu beachten, wie die wirtschaftlichen Bedingungen und eine sich möglicherweise ändernde Gesetzgebung oder Rechtsprechung.

Nutzung aller Freibeträge

Aufgrund des Steuerfreibetrages der Kinder von 400.000 EUR pro Elternteil ist es bei einem Großteil aller Familien möglich, das gesamte Familienvermögen steuerfrei auf die nächste Generation zu übertragen.

Ausnutzung der Freibeträge

Eine Erblasserin hinterlässt ein Testament, in welchem sie ihren Ehegatten zum Alleinerben einsetzt. Ihre drei Kin-

der enterbt sie ausdrücklich. Das Vermögen beträgt rund 1.700.000 EUR.

Unter Berücksichtigung des Freibetrages des Ehemanns i. H. v. 500.000 EUR hat dieser 1.200.000 EUR zu versteuern. Dies führt bei einem Steuersatz von 19 % zu einer Erbschaftsteuer von 228.000 EUR.

Hätte die Erblasserin geregelt, dass ihr Ehemann zwar Alleinerbe werden soll, an die Kinder jedoch jeweils Beträge i. H. v. 400.000 EUR auszahlen muss, wäre keine Erbschaftsteuer angefallen (Die Kinder haben aufgrund der Enterbung ohnehin einen Pflichtteilsanspruch). In diesem Falle hätte der Ehemann lediglich 500.000 EUR erhalten und damit nicht mehr als seinen Freibetrag. Gleiches gilt für die Kinder, die jeweils 400.000 EUR erhalten hätten und damit auch jeweils nur eine Zuwendung in Höhe ihres Freibetrages. Die gesamten 1.700.000 EUR hätten so völlig steuerfrei übertragen werden können.

Eine steuerfreie Übertragung wie in dem vorangehenden Beispiel gelingt häufig nicht, weil die Übertragung nur an ein Kind erfolgen soll oder, weil es sich um ein größeres Vermögen handelt. In einem solchen Fall empfiehlt es sich, die Übertragung des Vermögens auf die nächste Generation frühzeitig zu planen und gegebenenfalls durch wiederholte, lebzeitige Übertragungen steueroptimiert zu gestalten. Hierbei ist zu beachten, dass mehrere Vermögensvorteile gemäß § 14 ErbStG nur dann zusammengerechnet werden, wenn sie innerhalb von zehn Jahren erfolgen. Anders ausgedrückt bedeutet dies, dass Freibeträge alle zehn Jahre erneut zur Verfügung stehen und ausgeschöpft werden können.

Ausnutzen der Freibeträge

Ein vermögendes Unternehmerehepaar hat nur ein Kind. Dieses soll als einziger „Nachfolger" einmal das gesamte Vermögen beider Elternteile erhalten. Aus diesem Grunde schenken Vater und Mutter dem Kind alle zehn Jahre Vermögenswerte im Wert von jeweils 400.000 EUR, somit insgesamt 800.000 EUR. Dieser Vorgang wird bis zum Tode des Erstversterbenden des Ehepaares vier Mal wiederholt, so dass das Kind insgesamt 3.200.000 EUR erhalten hat. Die gesamten 3.200.000 EUR sind steuerfrei, da das Kind alle zehn Jahre erneut einen Steuerfreibetrag i. H. v. 400.000 EUR je Elternteil hatte und somit alle Schenkungen innerhalb des Steuerfreibetrages lagen. Eine Kumulation der Schenkung hätte nur dann stattgefunden, wenn der Zehn-Jahres-Zeitraum nicht beachtet worden wäre.

Schenkung an die Kinder

Die Freibeträge der Kinder bestehen im Verhältnis zu jedem Elternteil. Schenken also der Vater und die Mutter dem Kind jeweils einen Betrag von 400.000 EUR, sind beide Schenkungen steuerfrei.

Ist das Vermögen unter den Ehegatten nicht gleich verteilt, können gleichwohl beide die Freibeträge der Kinder nutzen, indem ein Ehegatte zunächst dem anderen Ehegatten Vermögen unter Ausnutzung des Ehegattenfreibetrages von 500.000 EUR überträgt und der beschenkte Ehegatte dann einige Zeit später eine Schenkung an das Kind vornimmt. Zwingende Voraussetzung einer solchen, sogenannten „Umweg- oder Kettenschenkung" ist jedoch, dass der beschenkte Ehegatte rechtlich frei über das erhaltene Vermögen verfügen kann und dass zwischen der ersten Schenkung und der Weitergabe des geschenkten Gegenstandes eine gewisse Zeit („Schamfrist") vergangen ist. Andernfalls besteht die Gefahr, dass das Finanzamt einen Gestaltungsmissbrauch annimmt und aus diesem Grunde von einer einheitlichen Schenkung nur eines Ehegatten an das Kind ausgeht.

Vorsicht bei Schenkungen an Schwiegerkinder

Schwiegerkinder fallen nicht wie Kinder und Stiefkinder in die Steuerklasse I, sondern lediglich in die Steuerklasse II. Sie haben damit einen schlechteren Steuertarif als die Kinder und Stiefkinder und zudem nur einen persönlichen Freibetrag von 20.000 EUR. Deshalb sollten unmittelbare Schenkungen an diese möglichst vermieden werden.

Statt einer Schenkung an ein Schwiegerkind sollte dem eigenen Kind etwas geschenkt werden, was dieses dann zu einem späteren Zeitpunkt an seinen Ehegatten, somit das Schwiegerkind weiterschenken kann. Jedoch sind auch bei einer solchen „Kettenschenkung" die zuvor bei der Schenkung an Kinder dargelegten Grundsätze zu beachten, um nicht in die Gefahr des Vorwurfs eines Gestaltungsmissbrauchs zu geraten.

Schenkung an Enkelkinder

Im Rahmen einer steueroptimierten Übertragung eines größeren Vermögens auf nachfolgende Generationen sollte auch an die Möglichkeit einer Schenkung an Enkelkinder gedacht werden. Da Enkelkinder seit der Erbschaftsteuerreform 2009 einen Freibetrag von 200.000 EUR haben, können bei mehreren Enkelkindern über zeitlich gestaffelte Schenkungen leicht Beträge im Millionenbereich ohne Steuer übertragen werden.

Steuerbeispiel bei Berücksichtigung von Enkeln im Testament

Das Ehepaar Müller hat zwei Töchter und einen Sohn. Die drei Kinder haben jeweils zwei Kinder. Das Ehepaar Müller erwägt, das ihrerseits bereits ererbte und in den letzten Jahrzehnten vervielfachte Vermögen nicht vollständig ihren Kindern zukommen zu lassen. Vielmehr soll ein Teil des Familienvermögens unmittelbar den Enkelkindern zugewendet werden. Das Ehepaar Müller errichtet aus diesem Grunde folgendes Testament:

Wir setzen uns gegenseitig zum Alleinerben ein. Den Überlebenden von uns belasten wir jedoch mit folgenden Vermächtnissen:

Unsere Kinder sollen jeweils einen Geldbetrag i. H. v. 400.000 EUR beim Tod des Erstversterbenden erhalten.

Unsere Enkelkinder sollen jeweils einen Geldbetrag i. H. v. 200.000 EUR beim Tod des Erstversterbenden erhalten.

Im Falle des Todes des Letztversterbenden von uns sollen unsere Kinder Erben zu gleichen Teilen werden. Diese sollen jedoch jedem unserer Enkelkinder einen Betrag i. H. v. 200.000 EUR im Wege eines Vermächtnisses ausbezahlen.

Beim ersten Todesfall werden somit Vermächtnisse i. H. v. 2.400.000 EUR und für den zweiten Todesfall nochmals Vermächtnisse i. H. v. 1.200.000 EUR angeordnet. Diese Vermächtnisse sind vollständig steuerfrei, da sie jeweils innerhalb der Freibeträge liegen. Im Ergebnis kann dadurch ein Betrag von 3.600.000 EUR steuerfrei übertragen werden. Hinzu kommt, dass die Kinder als Schlusserben des Letztversterbenden nochmals jeweils einen Freibetrag von 400.000 EUR haben. Damit können insgesamt 4.800.000 EUR steuerfrei übertragen werden. Erst ein darüber hinausgehender Nachlass ist von den Kindern zu versteuern.

Das vorangehende Beispiel zeigt die steuerlichen Vorteile der Übertragung an Enkelkinder gerade bei größeren Vermögen. Liegt das zu übertragende Vermögen hingegen über dem Freibetrag des Enkelkindes, jedoch noch unter dem eines Kindes, empfiehlt sich häufig eine Schenkung an das Kind statt an das Enkelkind. Selbst wenn nicht das Kind, sondern im Ergebnis das Enkelkind die Schenkung erhalten soll, kann eine Schenkung an das Kind und eine darauffolgende Weitergabe vom Kind an das Enkelkind Steuern ersparen.

Gerade bei Schenkungen im Wert zwischen 200.000 EUR und 400.000 EUR kann eine sogenannte Kettenschenkung sinnvoll sein. Zu beachten sind jedoch auch hier die zuvor bei der Schenkung an Kinder dargestellten Grundsätze einer Kettenschenkung, um den Verdacht eines Gestaltungsmissbrauchs zu vermeiden. Somit muss auch hier eine freie Verfügung des Erstbeschenkten über den Gegenstand sichergestellt sein und zwischen der ersten Schenkung und der Weitergabe des geschenkten Gegenstandes sollte eine gewisse Zeit liegen.

Steuer bei „Kettenschenkung"

Der Großvater möchte seiner Enkelin Wertpapiere im Wert von 400.000 EUR schenken. Die Schenkungsteuer berechnet sich wie folgt:

Steuerwert der Wertpapiere	400.000 EUR
Persönlicher Freibetrag der Enkelin	./. 200.000 EUR
Steuerpflichtiger Erwerb	200.000 EUR
Schenkungsteuer hierauf 11 % =	22.000 EUR
Hätte der Großvater zunächst die Wertpapiere seinem Sohn geschenkt und dieser sich dann entschlossen, seiner Tochter die Wertpapiere weiter zu schenken, würde sich folgende Schenkungsteuer ergeben:	

Schenkung von Großvater an Sohn:	
Steuerwert der Wertpapiere	400.000 EUR
Persönlicher Freibetrag des Sohnes	./. 400.000 EUR
Steuerpflichtiger Erwerb	0 EUR
Schenkungsteuer	0 EUR
Schenkung von Sohn an dessen Tochter:	
Steuerwert der Wertpapiere	400.000 EUR
Persönlicher Freibetrag der Tochter	./. 400.000 EUR
Steuerpflichtiger Erwerb	0 EUR
Schenkungsteuer	0 EUR
Die Steuerersparnis durch die sogenannte Kettenschenkung beträgt	22.000 EUR.

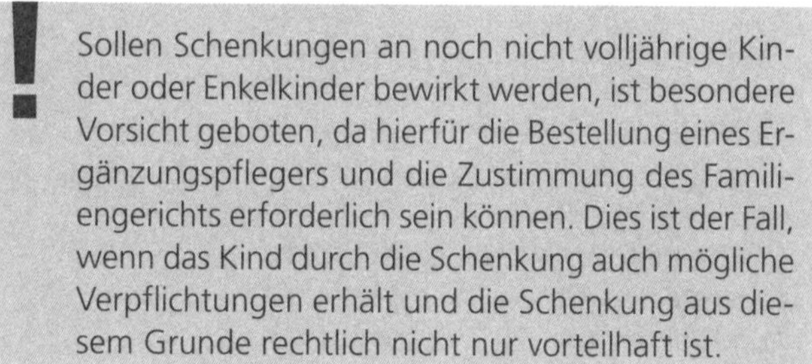

Sollen Schenkungen an noch nicht volljährige Kinder oder Enkelkinder bewirkt werden, ist besondere Vorsicht geboten, da hierfür die Bestellung eines Ergänzungspflegers und die Zustimmung des Familiengerichts erforderlich sein können. Dies ist der Fall, wenn das Kind durch die Schenkung auch mögliche Verpflichtungen erhält und die Schenkung aus diesem Grunde rechtlich nicht nur vorteilhaft ist.

Hierbei ist unerheblich, ob die konkrete Schenkung für das Kind wirtschaftlich betrachtet vorteilhaft ist. Maßgeblich ist allein, ob sich rechtliche Nachteile ergeben können. Beispielsweise ist die Übertragung einer unbelasteten Eigentumswohnung rechtlich nachteilhaft, weil sich aus dem Wohnungseigentumsgesetz in Verbindung mit der Teilungsordnung Pflichten des Minderjährigen ergeben können.

Adoption zwecks Steueroptimierung

Da nicht verwandte oder nur entfernt verwandte Personen nicht nur einen äußerst geringen Steuerfreibetrag von lediglich 20.000 EUR haben, sondern auch einem sehr hohen Steuertarif von mindestens 30 % unterliegen, empfiehlt sich oft die Begründung eines Verwandtschaftsverhältnisses. Möglich ist dies durch eine Adoption. Hierfür müssen jedoch die Voraussetzungen der Adoption vorliegen. Dies wird in einem formellen Adoptionsverfahren durch das Familiengericht geprüft. Gelangt das Familiengericht zu dem Ergebnis, dass die Voraussetzungen der Adoption vorliegen, wird die Adoption durch einen Beschluss ausgesprochen. Dadurch erhält die adoptierte Person die Stellung eines Kindes. Es ist jedoch wie folgt zu differenzieren:

- Bei der Adoption eines noch nicht Volljährigen erhält der Adoptierte rechtlich die Stellung eines leiblichen Kindes. Er wird dadurch nicht nur mit dem Adoptierenden verwandt, sondern auch mit dessen Verwandten. Die Verwandtschaft zu seinen leiblichen Verwandten erlischt hingegen.

- Bei einer Volljährigenadoption bleiben, anders als bei einer Adoption eines Minderjährigen, die Verwandtschaftsverhältnisse des Angenommenen zu seinen leiblichen Verwandten bestehen. Zudem wird kein Verwandtschaftsverhältnis zwischen den Verwandten des Adoptierenden und dem Adoptierten begründet. Dies bedeutet, dass der Adoptierte nur mit dem Adoptierenden verwandt wird, nicht aber mit dessen Verwandten. Im Verhältnis zum Adoptierenden aber wird der Adoptierte erbrechtlicher, pflichtteilsrechtlicher und steuerrechtlich wie ein leibliches Kind behandelt.

Als Voraussetzung der Volljährigenadoption verlangt das Gesetz eine sogenannte sittliche Rechtfertigung. So wird bei einer Volljährigenadoption insbesondere geprüft, ob zwischen dem Annehmenden und dem Anzunehmenden bereits ein Eltern-Kind-Verhältnis besteht. Zudem werden auch die Interessen der bereits vorhandenen Kinder des Annehmenden (und gegebenenfalls des Anzunehmenden) berücksichtigt.

Eine sittliche Rechtfertigung für die Adoption kann insbesondere unter folgenden Gesichtspunkten vorliegen:

- Ein Leben in einem gemeinsamen Hausstand.
- Eine verstärkte, über Dienstleistungen hinausgehende persönliche Betreuung.
- Ein gegenseitiger, erheblicher und auf Dauer angelegter Beistand, etwa bei einem Verlust oder bei schwerer Krankheit.
- Keine sittliche Rechtfertigung liegt vor, wenn die Adoption aus steuerlichen Erwägungen erfolgt.

Schenkung unter Vorbehalt

Behalten Eltern sich bei einer Schenkung den Zugriff auf das Geschenk vor, ist besondere Vorsicht geboten. Zwar sind derartige Vorbehalte sinnvoll, weil bei minderjährigen Kindern deren künftige Entwicklung noch nicht absehbar ist oder den Kindern mit deren achtzehnten Lebensjahr noch keine zu hohen Vermögenswerte zur freien Verfügung anvertraut werden sollen. „Vorbehalte" oder „Rückforderungsrechte" können aber erhebliche steuerliche Probleme schaffen. Die Rechtsprechung verlangt nämlich, dass der Schenkungsgegenstand eindeutig und endgültig in das Vermögen des Kindes übergeht. Diese Voraussetzung ist nicht erfüllt, wenn die Eltern die freie Verfügungsbefugnis über das „Geschenk" behalten oder die Schenkung unter fast beliebigen Gründen zurückfordern können.

Trotz dieser Gefahr von Vorbehalts- und Rückforderungsrechten sollten diese nicht völlig entfallen. Ohne solche Rechte kann nämlich nicht angemessen auf unvorhergesehene Ereignisse und Änderungen in der Zukunft reagiert werden. So kann eine Änderung der persönlichen oder der wirtschaftlichen Verhältnisse der beteiligten Personen schnell den Zweck einer Schenkung vereiteln. Deshalb sollten Schenkungen im Wege der vorweggenommenen Erbfolge stets mit Regelungen zur Absicherung des Schenkers und des Zwecks der Schenkung versehen werden.

Eine Schenkung unter „Vorbehalten" und/oder mit „Rückforderungsrechten" sollte nie ohne sorgfältige fachliche Beratung geschehen, da nicht nur die

Gefahr besteht, dass das steuerlich gewünschte Ergebnis nicht eintritt, sondern darüber hinaus das Risiko einer Steuerhinterziehung begründet wird. Haben beispielsweise Eltern ihren Kindern Sparguthaben nur „formal" geschenkt, indem sie sich die volle Verfügung über die Guthaben und die jederzeitige Rückforderung vorbehalten haben, sind die Erträge aus diesen Guthaben weiter den Eltern zuzurechnen, da die Schenkung steuerlich nicht anerkannt wird. Erklären die Eltern die Zinserträge gleichwohl nicht bei den eigenen Einkünften, weil sie davon ausgehen, die Einkünfte seien als Folge der Schenkung dem Kind zuzurechnen, begehen sie möglicherweise eine Steuerhinterziehung.

Übernahme der Steuer durch den Schenker

Oft ist die beschenkte Person nicht in der Lage, die aufgrund einer Schenkung fällige Schenkungsteuer zu zahlen. Dies ist insbesondere dann der Fall, wenn die Steuer aufgrund eines mangelnden Verwandtschaftsverhältnisses sehr hoch ausfällt. Um dann gleichwohl eine Schenkung zu ermöglichen, kann der Schenker einer Sache auch die auf die Schenkung anfallende Steuer übernehmen. Dies führt nicht nur dazu, dass dem Beschenkten dann tatsächlich das Geschenk „netto" zu Gute kommt, ohne dass er mit einer Schenkungsteuer belastet wird. Es führt auch zu einer Reduzierung der Steuer.

Steuerbeispiel bei der Übernahme durch Schenker:

Herr Meier möchte seiner langjährigen Lebensgefährtin die Hälfte der seit vielen Jahren gemeinsam genutzten Immobilie übertragen. Die zu übertragende Hälfte der Immobilie hat einen Wert von 220.000 EUR. Da seine Lebensgefährtin nicht über hinreichende Barmittel verfügt, verpflichtet sich Herr Meier auch, die auf die Schenkung entfallende Schenkungsteuer zu übernehmen. Die Steuer berechnet sich wie folgt:

Von den erhaltenen	220.000 EUR
ist der Steuerfreibetrag der Lebensgefährtin in der Steuerklasse III i. H. v.	./. 20.000 EUR
abzuziehen.	
Der steuerpflichtige Erwerb beträgt damit	200.000 EUR
Der Steuersatz beträgt 30 %.	
Die Steuer ergäbe demnach	60.000 EUR
Da Herr Meier auch die Steuer übernimmt, wendet er seiner Lebensgefährtin jedoch 220.000 EUR zuzüglich 60.000 EUR, somit insgesamt	280.000 EUR
zu.	
Unter Abzug des Steuerfreibetrages von	./. 20.000 EUR
sind	260.000 EUR
zu versteuern.	
Bei einem Steuersatz von 30 % ergäbe dies eine Steuer von	78.000 EUR

Die zunächst errechnete Steuer beträgt jedoch nur	60.000 EUR
Es verbleibt damit eine hinzukommende Steuer i. H. v.	18.000 EUR

Theoretisch wären auch diese weiteren 18.000 EUR zu versteuern und der sich daraus ergebende Betrag i. H. v. 6.000 EUR wiederum zu versteuern. Die Kette wäre nahezu endlos. Um die fortlaufende Nachberechnung der geschuldeten Steuer zu vermeiden, bestimmt § 10 Abs. 2 ErbStG, dass der Besteuerung lediglich der Gesamtbetrag aus der Schenkung und der geschuldeten Steuer zugrunde zu legen ist. Im vorliegenden Fall ist somit der Besteuerung ein steuerpflichtiger Erwerb von 260.000 EUR zugrunde zu legen. Die Steuer beträgt im Ergebnis 78.000 EUR.

Güterstandschaukel

Ein Wechsel von der Zugewinngemeinschaft in eine Gütertrennung hat erhebliche steuerliche Auswirkungen.

Steuerfreiheit des Zugewinnausgleichs

Zugewinnausgleich bedeutet, dass der Ehegatte mit dem höheren Zugewinn dem Ehegatten mit dem geringeren Zugewinn einen entsprechenden Ausgleich zu zahlen hat. Hierbei ist als Zugewinn die Differenz zwischen dem Anfangsvermögen zu Beginn der Zugewinngemeinschaft und dem Endvermögen zum Ende der Zugewinngemeinschaft zu verstehen

(§ 1373 BGB). Übersteigt der während der Ehezeit erwirtschaftete Zugewinn des einen Ehegatten den Zugewinn des anderen Ehegatten, steht die Hälfte des Überschusses dem anderen Ehegatten als Ausgleichsforderung zu (§ 1378 BGB).

Beispielsrechnung Zugewinnausgleich

Die Ehefrau besitzt bei Eheschließung ein ererbtes Mietshaus im Wert von 500.000 EUR. Jahre später wird die Ehe geschieden. Zu diesem Zeitpunkt ist die Immobilie 1.000.000 EUR wert. Der Ehemann hat sowohl bei der Eheschließung, als auch zum Zeitpunkt der Scheidung kein eigenes Vermögen. Der Zugewinn ist wie folgt zu berechnen: Die Ehefrau hat einen Zugewinn von 1.000.000 EUR abzüglich 500.000 EUR, somit 500.000 EUR erzielt, der nach § 1378 BGB zu teilen ist. Der geschiedene Ehegatte bekommt von seiner Frau also 250.000 EUR als Zugewinnausgleich. Dieser Betrag unterliegt keiner Besteuerung, da es sich weder um einen Erwerb von Todes wegen, noch um eine Schenkung handelt.

Wechsel in die Gütertrennung

Um möglichst viel Vermögen innerhalb der Familie steuerfrei, unter Nutzung aller Freibeträge auf den Ehegatten und die Kinder zu übertragen, ist es in manchen Fällen notwendig, vom Güterstand der Zugewinngemeinschaft vorübergehend abzuweichen und eine Gütertrennung zu vereinbaren. Kurze Zeit danach wird dann wieder der Güterstand der Zugewinngemeinschaft vereinbart. Dieses „Schaukeln" von Güterstand zu Güterstand lohnt sich bei einem hohen Zugewinn.

Beispiel zur Güterstandsschaukel

Ein Ehepartner erzielt während der Ehe einen Zugewinn von 4.000.000 EUR. Der andere Partner bleibt hingegen mittellos. Der vermögende Ehepartner kann den beiden Kindern steuerfrei alle zehn Jahre Vermögen innerhalb der Freibeträge von 400.000 EUR pro Kind – insgesamt also 800.000 EUR – übertragen. Da der nicht vermögende Elternteil nichts zu verschenken hat, kann er auch keine Steuervorteile durch Zuwendungen zugunsten der Kinder erzielen.

Wechselt das Ehepaar nun von der Zugewinngemeinschaft in die Gütertrennung, kann dem nicht Vermögenden ein Zugewinnausgleich i. H. v. 2.000.000 EUR steuerfrei ausbezahlt werden. Nun können sowohl der Vater als auch die Mutter jedem der beiden Kinder steuerfrei 400.000 EUR zukommen lassen.

Später (gegebenenfalls zur Sicherheit erst nach dem Ablauf einer gewissen „Schamfrist") können die Ehegatten dann wieder den Wechsel in den gesetzlichen Güterstand der Zugewinngemeinschaft vereinbaren und dadurch dem Überlebenden im Fall des Todes des Erstversterbenden die Vorteile dieses Güterstandes sichern.

Vermögensverteilung unter Ehegatten

Das vorangehende Beispiel zeigt, dass in steuerlicher Hinsicht eine möglichst gleichmäßige Verteilung des Familienvermögens auf beide Ehegatten meist sinnvoll ist. Haben Ehegatten nicht bereits seit Beginn der Ehe dafür Sorge getragen, dass das „Familienvermögen" möglichst gleichmäßig verteilt ist, sollte dies gerade bei größeren Vermögen nachgeholt und ausgeglichen werden. Hierbei kommen nicht nur die zuvor dargestellten güterrechtlichen Lösungen in Betracht, sondern auch die steuerfreie Übertragung von begünstigtem Vermögen, wie beispielsweise die Übertragung des selbst bewohnten „Familienheims" gemäß § 13 Abs. 1 Nr. 4 ErbStG zu Lebzeiten. Zu den Einzelheiten dieser Übertragung siehe Seite 71.

Glossar

Abkömmling:

Abkömmlinge sind die Nachkommen einer Person, somit die Kinder, Enkelkinder, Urenkel, etc.

Adoption:

Da nicht verwandte oder nur entfernt verwandte Personen nicht nur einen äußerst geringen Steuerfreibetrag von lediglich 20.000 EUR haben, sondern auch einem sehr hohen Steuertarif von mindestens 30 % unterliegen, empfiehlt sich oft die Begründung eines Verwandtschaftsverhältnisses. Möglich ist dies durch eine Adoption. Hierfür müssen jedoch die Voraussetzungen der Adoption vorliegen.

Altenteil:

Von einem Altenteil (oft auch als Leibgeding, Leibzucht, Auszug oder Austrag bezeichnet) spricht man bei der unentgeltlichen Übergabe einer Wirtschaftseinheit im Wege der Generationenfolge. Der Erwerber erlangt durch den Übertragungsvertrag eine wirtschaftlich selbständige Stellung, der Berechtigte des Altenteils seine Altersversorgung.

Auflage:

Durch eine Auflage wird ein Erbe oder ein Vermächtnisnehmer verpflichtet, einer Person etwas zuzuwenden, ohne dass die begünstigte Person einen eigenen Anspruch auf die Zuwendung erhält. Ein Beispiel ist die Anordnung einer Grabpflege.

Ausstattung:

Dies ist gem. § 1624 BGB eine Zuwendung, die einem Kinde mit Rücksicht auf seine Verheiratung oder auf die Erlangung einer selbstständigen Lebensstellung zur Begründung oder zur Erhaltung der Wirtschaft oder der Lebensstellung vom Vater oder der Mutter erbracht wird. Sie ist keine Schenkung, auch wenn die Grundstücksübertragung unentgeltlich erfolgt.

Berliner Testament:

Ein Berliner Testament liegt vor, wenn sich Ehegatten in einem gemeinschaftlichen Testament gegenseitig zu Erben einsetzen und weitere Personen, oftmals ihre Kinder, als Schlusserben für den gesamten Nachlass des Letztversterbenden bestimmen.

BGB:

Das Bürgerliche Gesetzbuch (BGB) regelt die wichtigsten Rechtsbeziehungen zwischen Privatpersonen, wie beispielsweise auch die Schenkung und das Erbrecht.

Bewertungsgesetz:

Das Bewertungsgesetz (BewG) regelt die Bewertung von Gegenständen für steuerliche Zwecke.

Erbengemeinschaft:

Hinterlässt der Erbe mehrere Erben, bilden diese eine Erbengemeinschaft.

Erblasser:

Der Verstorbene, dessen Vermögen auf einen oder mehrere Erben übergeht, wird als Erblasser bezeichnet.

Erbschaftsteuer und Schenkungsteuer:

Zwischen der Besteuerung eines Erbfalles und der einer Schenkung bestehen nur wenige Unterschiede. Beide Steuern sind in einem Gesetz geregelt, dem ErbStG.

ErbStG:

Das Erbschaftsteuer- und Schenkungsteuergesetz (ErbStG) regelt welche Vorgänge der Erbschaftsteuer und der Schenkungssteuer unterliegen und wie hoch die Steuer ist.

Ertragswertverfahren:

Das Ertragswertverfahren stellt für die steuerliche Bewertung auf die Erträge der Immobilie ab. Hierfür wird der Wert der Immobilie neben dem Bodenwert aus einer Multiplikation des jährlichen Ertrages der Immobilie mit einem vorgegebenen Faktor ermittelt.

Familienheim:

Gemäß § 13 Abs. 1 Nr. 4a ErbStG kann ein Ehepartner dem anderen, unabhängig vom ehelichen Güterstand, zu Lebzeiten sein „Familienheim" steuerfrei zuwenden. Voraussetzung ist jedoch, dass das Haus oder die Wohnung den Mittelpunkt des familiären Lebens zu eigenen Wohnzwecken darstellt. Ferien- und Wochenendhäuser können dagegen nicht steuerfrei übertragen werden.

Freibeträge:

Das ErbStG kennt verschiedene Freibeträge. Es gibt persönliche Freibeträge, die einem Erwerber unabhängig von dem geschenkten oder geerbten Gegenstand gewährt werden sowie sachliche Steuerbefreiungen und Freibeträge.

Gleichstellungsgeld:

Der Grundstücksempfänger verpflichtet sich, an seine Geschwister eine bestimmte Geldsumme aus seinem Vermögen zu zahlen. Damit sind alle Geschwister wertmäßig gleichgestellt.

Kettenschenkung:

Eine Kettenschenkung liegt vor, wenn ein Schenker mittelbar über den Beschenkten einem Dritten etwas zuwenden will, indem der Beschenkte das erhaltene Geschenk seinerseits an den Dritten weitergibt.

Leibrente:

Die finanzielle Versorgung des Veräußerers kann im Rahmen eines Übergabevertrages auch durch die Vereinbarung wiederkehrender Leistungen sichergestellt werden. Für den Veräußerer haben wiederkehrende Leistungen gegenüber dem Nießbrauch den Vorteil, dass er sich zukünftig nicht mehr um die Verwaltung des übertragenen Objekts kümmern muss.

Nachlass:

Das gesamte Vermögen eines Erblassers, einschließlich Schulden des Verstorbenen, wird Nachlass genannt.

Nießbrauch:

Die Übertragung eines bebauten Grundstücks von den Eltern auf die Kinder unter Nießbrauchsvorbehalt ist der Standardfall der lebzeitigen Vermögensübertragung. Der Nießbrauch gibt dem Schenker bzw. dem Nießbraucher das Recht, sämtliche Nutzungen des belasteten Grundstücks zu ziehen, insbesondere die Mieten einzunehmen oder auch die Immobilie selber zu bewohnen.

Notarielle Beurkundung:

Verträge, deren Ziel die Übereignung von Grundbesitz ist, bedürfen gemäß § 311b BGB der notariellen Beurkundung. Gleiches gilt gemäß § 518 Abs. 1 BGB für Schenkungserklärungen, unabhängig davon, ob Immobilien oder sonstige Vermögenswerte zugewendet werden sollen.

Pflegeverpflichtung:

Im Übergabevertrag kann sich der Beschenkte verpflichten, den Schenker im Pflegefall durch Geld- und Sachleistungen umfassend zu versorgen. Die Praxis zeigt, dass sich der Erwerber, der gegenüber einem (noch) gesunden Veräußerer Pflegeverpflichtungen übernimmt, nicht immer bewusst ist, welche hohen Kosten und persönliche Belastung die Versorgung und Pflege eines schwerstpflegebedürftigen Veräußerers bedeuten kann.

Pflichtteil:

Der Pflichtteil besteht in einem Geldanspruch, der nur den nächsten Angehörigen eines Verstorbenen (Kinder, Ehegatten, unter Umständen Eltern) für den Fall ihrer Enterbung zusteht. Er besteht der Höhe nach in der Hälfte des gesetzlichen Erbteils.

Pflichtteilsergänzungsanspruch:

Der Gesetzgeber hat zum Schutz des Pflichtteilsberechtigten angeordnet, dass bestimmte Schenkungen vor dem Tod des Erblassers bei der Pflichtteilsberechnung im Rahmen eines sogenannten Pflichtteilsergänzungsanspruchs (§ 2325 BGB) zu berücksichtigen sind. Hierdurch soll verhindert werden, dass der Erblasser zu Lebzeiten Teile seines Vermögens verschenkt, dadurch den pflichtteilsrelevanten Nachlass reduziert und so den Pflichtteil entwertet.

Rückforderungsrechte:

Der Schenker behält sich die Rückübertragung der Immobilie für den Eintritt unerwarteter Ereignisse, wie z. B. Vorversterben, Insolvenz oder Scheidung des Beschenkten, vor.

Sachwertverfahren:

Dieses Verfahren stellt für die steuerliche Bewertung auf die Errichtungskosten der Immobilie ab. Diese werden als sogenannte Regelherstellungskosten ausgewiesen. Der Wert der Immobilie errechnet sich neben dem Bodenwert aus den Regelherstellungskosten und dem Alter der Immobilie.

Schenkung:

Zivilrechtlich ist eine Schenkung eine Vermögenszuwendung von einer Person an eine andere Person, bei welcher die Vertragspartner darüber einig sind, dass die Zuwendung unentgeltlich erfolgen soll.

Schenkung auf den Todesfall:

Von einer Schenkung auf den Todesfall spricht man, wenn die Schenkung erst mit dem Tod des Erblassers vollzogen werden sollen.

Sozialhilferegress:

Zuwendungen im Rahmen einer vorweggenommenen Erbfolge beinhalten die latente Gefahr, dass der Schenker im Alters- oder Pflegefall hilfsbedürftig wird. Sozialhilfeträger müssen dann zur Deckung des dringenden Notbedarfs etwa für Miet- und Pflegekosten in Vorleistung treten und bitten danach Angehörige des Schenkers oder Zuwendungsempfänger zur Kasse.

Steuerklasse:

Die Erben, die Beschenkten und die sonstigen Erwerber im Sinne der Erbschaft- und Schenkungsteuer werden nach ihren persönlichen Verhältnissen zum Erblasser in drei verschiedene Steuerklassen eingeteilt.

Steuerpflicht:

Das Steuerrecht unterscheidet zwischen einer sachlichen Steuerpflicht und eine persönlichen Steuerpflicht. Während die persönliche Steuerpflicht regelt, welche Personen der deutschen Erbschaftsteuer und Schenkungsteuer unterliegen, bestimmt die sachliche Steuerpflicht, welche einzelnen Sachverhalte, somit welches Geschehen einer Besteuerung unterliegt.

Testamentsvollstreckung:

Im Falle der Testamentsvollstreckung ordnet der Erblasser eine Verwaltung und/oder Aufteilung des Nachlasses unter den Erben durch einen Testamentsvollstrecker an.

Verfügung von Todes wegen:

Verfügungen von Todes wegen sind Testamente und Erbverträge, somit erbrechtliche Regelungen einer Person.

Vergleichswertverfahren:

Beim Vergleichswertverfahren wird für die steuerliche Bewertung der gemeine Wert des Grundstücks vorrangig aus den von den Gutachterausschüssen mitgeteilten Vergleichspreisen abgeleitet.

Vermächtnis:

Ein Vermächtnis ist eine Zuwendung einzelner Vermögensgegenstände aus dem Nachlass ohne dass die begünstigte Person Erbe wird. Der sogenannte Vermächtnisnehmer erhält – anders als der Erbe – den Nachlass nicht unmittelbar. Vielmehr muss er die Herausgabe des vermachten Gegenstandes aus dem Nachlass verlangen.

Vor- und Nacherbschaft:

Durch die Anordnung einer Vor- und Nacherbschaft kann der Erblasser bestimmen, wer z. B. nach dem Tode seines „ersten" Erben (=Vorerbe) den Nachlass erhalten soll (=Nacherbe). Sie bewirkt, dass der Vorerbe nach dem Tode des Erblassers zunächst die Erbschaft erhält, über sie jedoch nicht frei verfügen darf. Vielmehr darf er nur bestimmte Nutzungen ziehen und den Nachlass verwalten.

Vorweggenommene Erbfolge:

Hierunter versteht man alle Vermögensübertragungen unter Lebenden, insbesondere Schenkungen, die in der Erwartung vorgenommen werden, dass der Erwerber im Erbfall das Vermögen ohnehin erhalten wird.

Wohnungsrecht:

Ein Wohnungsrecht ist das Recht, das Gebäude oder den Teil eines Gebäudes unter Ausschluss des Eigentümers zu bewohnen. Die Nießbrauchsvorschriften finden auf dieses Wohnungsrecht weitgehend Anwendung. Wie das Nießbrauchsrecht, ist das Wohnungsrecht weder übertragbar noch vererblich. Lediglich die Ausübung des Wohnrechts kann – entgeltlich oder unentgeltlich – einem Dritten überlassen werden.

Zugewinngemeinschaft:

Ehegatten, die nicht durch einen notariellen Ehevertrag etwas anderes vereinbart haben, leben im Güterstand der Zugewinngemeinschaft. Entgegen häufig anzutreffendem Irrglauben wird durch die Eheschließung das Ehegattenvermögen nicht gemeinschaftliches Vermögen. Nur wenn die Ehe beendet wird, sei es durch den Tod eines Ehegatten oder durch eine Scheidung, kommt es zu einem sogenannten „Zugewinnausgleich".

Stichwortverzeichnis

W

Z

Autoren

Ludger Bornewasser ist Rechtsanwalt und als Fachanwalt für Erbrecht (www.advocatio.de) vorwiegend im Bereich der Vermögensübertragung tätig. Als zertifizierter Unternehmensnachfolgeberater (zentUma e. V.) und Spezialist für Erbrecht und Erbschaftsteuerrecht bearbeitet er neben diesen Rechtsgebieten im Rahmen der Unternehmensnachfolge auch das Gesellschaftsrecht. Er ist Dozent im Lehrgang „Fachanwalt für Erbrecht" der Hagen Law School und Autor von zahlreichen Fachartikeln, Fachbüchern und Ratgebern zum Erbrecht und Erbschaftsteuerrecht. Das Magazin FOCUS (Spezial „Deutschlands Top-Anwälte") zählt ihn zu den Top-Erbrechts-Anwälten in ganz Deutschland. Das Wirtschaftsmagazin Capital weist die Kanzlei Advocatio Rechtsanwälte GbR, in der Rechtsanwalt Bornewasser als Gründungspartner tätig ist, seit Jahren durchgehend als eine der besten Anwaltskanzleien Deutschlands im Erbrecht aus!

Manfred Hacker ist Rechtsanwalt und berät als Fachanwalt für Erbrecht und testierter Testamentsvollstrecker (www.advocatio.de) seine Mandanten ausschließlich im Erbrecht und Erbschaftsteuerrecht. Er ist Dozent im Lehrgang „Fachanwalt für Erbrecht" der Hagen Law School und hat Ratgeber zu verschiedenen Themen im Erbrecht veröffentlicht. Das Magazin FOCUS (Spezial „Deutschlands Top-Anwälte") zählt ihn zu den Top-Erbrechts-Anwälten in ganz Deutschland. Das Wirtschaftsmagazin Capital weist die Kanzlei Advocatio Rechtsanwälte GbR, in der Rechtsanwalt Hacker als Gründungspartner tätig ist, seit Jahren durchgehend als eine der besten Anwaltskanzleien Deutschlands im Erbrecht aus!

Impressum:
Verlag C. H. Beck im Internet: www.beck.de
ISBN: 978-3-406-80891-3
E-Book ISBN: 978-3-406-80892-0

Wilhelmstraße 9, 80801 München
Satz: Fotosatz Buck, 84036 Kumhausen
Druck und Bindung: Beltz Bad Langensalza GmbH
Am Fliegerhorst 8, 99947 Bad Langensalza
Umschlaggestaltung: Ralph Zimmermann – Bureau Parapluie
Umschlagbild: © cultura2 – fotolia.com

Gedruckt auf säurefreiem, alterungsbeständigem Papier
(hergestellt aus chlorfrei gebleichtem Zellstoff)